高等教育

成本分担理论与成本分担模式研究

STUDY ON THE THEORY AND MODEL OF COST SHARING OF HIGHER EDUCATION

阳桂兰 著

中南大学出版社
www.csupress.com.cn
·长沙·

目 录

Contents

第1章 绪 论

1.1 问题的提出及研究目的

近年来，我国经济体制改革全面深化，伴随着计划经济向市场经济全面转型的巨大冲击，向构建高水平社会主义市场经济体制的目标迈进。在高等教育领域，建设高质量高等教育体系、高等教育的急速扩张、有关高等教育投资短缺、加快构建现代职业教育体系、培养更多高素质技术技能人才、高校招生改革、私立民办高校的高收费、大学生资助等大大小小、林林总总的问题，铺天盖地而来。这些都成为我国高等教育发展中的热点和难点问题，因而受到社会各界的广泛关注。不少专家或学者为此殚精竭虑，进行了大量研究，提出了不少很好的主张和建议。这些问题归结到一点，就是高等教育成本如何分担与补偿的问题——如何通过市场机制配置高等教育资源，提高高等教育资源的配置效率，缓解高等教育资源稀缺引发的供需矛盾，促进高等教育公平。目前，我国已经由原来的政府完全承担高等教育经费转变为由政府、受教育者、高校、社会和企业共同分担高等教育成本的多元筹资模式，但主要是把高等教育成本从政府投资倾斜到受教育者支付学费，社会和企业对高等教育成本的分担仍然很少，使学生个人和家庭教育成本负担加重，在一定程度上影响了教育公平，也不利于高等教育进一步向普及化发展和推进，在一定程度上影响了高等教育质量的提升。

如何更合理地让社会各界分担高等教育成本，理论研究者对这个问题做了许多研究。

本书的研究目的旨在从理论和实践两个层面研究高等教育成本分担理论与分担模式，并从我国高等教育的一个分支即高等职业教育的发展历程和成本分担现状出发，探讨适合我国高等职业教育的成本分担模式，以此促进高等职业教育的改革和发展。从理论上，详细阐述约翰斯通(D B Johnstone)的高等教育成本分担理论及其意义，分析它在我国的适应性。从实践上，分析一些在高等教育筹资模式方面具有代表性的国家的高等教育成本分担状况，以及我国高等教育成本分担的发展历程，梳理我国高等职业教育的发展历程以及相应的支持政策，分析我国现阶段，即高等职业教育在校生人数突破千万后，我国高等职业教育成本分担状况。在此基础上提出一种适合我国高等职业教育的发展状况、有利于筹集企业资金、调动社会资金投入高等职业教育领域的成本分担设想，以减轻政府和学生及其家长的高等职业教育负担，解决我国高等职业教育扩张过程中资源紧缺的问题，促进我国高等职业教育体系的不断完善和体制改革的不断深入。

1.2 研究方法和基本结构

1.2.1 研究方法

社会科学领域中通常采用的研究方法有三种：一是定量研究方法；二是质的研究方法；三是哲学思辨的方法。而从研究过程来看，定量的研究方法和质的研究方法都是不可缺少的，但是这两种研究都离不开思辨。运用具体的研究方法分析教育政策和教育现象，一般要强调两个方面：一是资料的收集、整理；二是资料的统计、分析。常用的收集资料的方法是文献检索、问卷调查和访谈。资料的分析是一个逐步把资料提炼为与研究主旨有关的概念构架的过程，首先要选择有意义和价值的材料，然后选择关键性材料，最后将这些材料概念化、普适化。

在整本书稿的写作中，综合运用了多种科学研究方法，如历史文献法、比较法等，且主要运用了如下几种研究方法：

一是理论和实践相结合。本书搜集了近年来中外有关高等教育成本分担理论、高等教育成本分担模式、我国高等职业教育的发展等方面的文献资料，为整本书稿的研究奠定了理论基础，也为本书找到了一个很好的立足点和切入点，并对实践进行了具体分析，采取二者相结合的方法，增强了本书论证的说服力和写作的针对性。

二是描述和解释相结合。本书既基本尊重已有的研究成果，又阐述了个人的一些见解，既对过去有关方面的研究成果做了综述，又比较研究了一些具有典型代表性的国家的高等教育成本分担经验，并对 1949 年中华人民共和国成立后高等教育成本分担模式的发展做了梳理，有助于人们更好地吸取中国和其他国家在高等教育成本分担模式方面的长处。

三是分析与建构相结合。本书的研究基本是建立在这一论证方法之上的。本书立足于各国高等教育成本分担的模式、我国的高等教育成本分担发展历程以及我国高等职业教育发展和成本分担的现状，从客观现象出发，结合我国的现实，构建一种适合我国的高等职业教育成本分担模式。

1.2.2 本书的基本结构

本书共设七章，具体结构如下：

第 1 章为绪论，目的是为本书的整个研究做背景与基础的铺垫。这一章简要地描述本书的研究目的及意义、研究方法、研究方案，较为详细地叙述了有关问题的研究现状。

第 2 章高等教育成本分担理论，对约翰斯通的高等教育成本分担理论进行总体研究，详细地描述该理论的理论基础，分析了该理论在我国的适应性，阐述了后面各章节的理论框架。

第 3 章国外高等教育成本分担模式及启示，从横向比较了美国、日本、印度等国家的高等教育成本分担模式，以作为借鉴。

第 4 章 1949 年后中国高等教育成本分担模式发展历程，从纵向分析了我国从 1949 年到现在的高等教育成本分担模式，在了解历史的基础上创新。

第 5 章 1949 年后我国高等职业教育发展历程，从政策层面分析了我国高等职业教育的发展历程，了解作为高等教育重要组成部分的高等职业教育的发展趋势。

第 6 章我国高等职业教育成本分担现状研究，分析了我国高等职业教育发展的现状、取得的成就以及教育成本分担的现状，作为我国高等职业教育成本分担模式的优化的基础和出发点。

第7章我国高等职业教育成本分担模式的构建，提出了把企业作为我国高等职业教育成本分担的一个重要主体，并提出了一种企业分担高等职业教育教学成本的设想。

必要的铺垫—全书的理论分析—国内外高等教育成本分担模式的研究—我国高等职业教育的发展及成本分担现状—我国高等职业教育成本分担模式的创新，这就是本书的研究脉络。

1.3 国内外相关理论及研究成果综述

1.3.1 国外研究现状及水平

20世纪70年代的全球性经济危机，给世界各国的经济带来了严重影响，尤其是对石油依赖很严重的发达国家。经济危机必然导致财政危机，财政危机导致各国缩减公共教育经费，加之人力资本理论的盛行和各国对慷慨投资高等教育是否有助于增进教育公平性的怀疑，在此背景下高等教育成本分担理论出台了。高等教育成本分担理论于1984年秋被提出，时任美国纽约州立大学布法罗分校校长的约翰斯通在美国科罗拉多州召开的“2000年议程”(An Agenda for the Year 2000)的一次会议上首次提出“高等教育成本分担理论”(costs sharing)①。该理论认为高等教育成本应由纳税人或政府、学生、学生家长和社会人士(捐赠)共同分担。高等教育的成本分担理论所依据的价值基础是：高等教育是有投资、有收益的活动，满足了多个主体的需要，受益人包括国家、受教育者个人、纳税人(雇主)、企业、家庭、大学，根据市场经济的基本原则，谁受益谁付款，因此，高等教育的成本必须由这些主体共同分担。高等教育成本分担的理论依据主要是利益获得原则和能力支付原则②。由于高等教育成本分担理论不仅符合高等教育的准公共产品属性，而且能在很大程度上解决日益严峻的高等教育财政危机，因此，高等教育成本分担理论从诞生之日

---

① 约翰斯通．高等教育成本分担[M]．纽约：美国大学入学考试委员会，1986.

② Johnstone D B. Sharing the Costs of Higher Education：Student Financial Assistance in the United Kingdom，the Federal Republic of Germany，France，Sweden，and the United States[M]. New York：College Entrance Examination Board，1986.

起就在全球的高等教育界获得了广泛认同并迅速推广开来。

约翰斯通在《高等教育成本分担中的财政与政治：比较的视角》一文中探讨了全球高等教育成本分担的趋势、高等教育成本分担的形式、高等教育成本分担的理论依据、成本补偿的抵制力量，并对英国、荷兰、奥地利、澳大利亚、俄罗斯、印度和中国进行了案例分析，最后还提出了一些思考①。A J Rodrigues 和 S O Wandiga 对肯尼亚公立大学的成本分担模式做了案例研究，分析了目前肯尼亚公立大学的成本状况和财政资助、政府政策和成本分担机制，并采用肯尼亚的数据从微观和宏观层面探讨合适的学费政策与贷款策略②。

1.3.2 国内研究现状及水平

20 世纪八九十年代以来，随着我国经济体制的改革、高等教育招生收费制度的并轨以及高等教育的扩张，高等教育资源严重不足。兼之西方国家人力资本理论和高等教育成本分担理论的传入，我国学者对我国高等教育实行统包统分制度产生质疑。当前我国高等教育发展的矛盾主要集中在：如何充分应用行政配置和市场配置两种手段，最大程度地扩大教育资源和充分利用现有资源，尽快地建立符合社会主义市场经济体制以及公共财政体制的规范拨款政策和成本分担机制③。因而大批学者致力于从理论和实践上探讨高等教育成本、高等教育成本分担理论以及在我国如何实现合理的高等教育成本分担等问题。

(1)关于高等教育成本和高等教育成本分担的研究。范先佐、周文良从揭示教育成本及教育成本分担与补偿的含义入手，明确了教育成本分担与补偿的范围，指明了实行教育成本分担与补偿的理论依据及其客观必然性，并从各类教育的不同性质和我国的具体国情出发，初步构建起了我国教育成本分担与补偿的模式，提出我国的高等教育成本应由个人、政府、企业合理分担④。曾贱吉认为高等教育兼有私人产品和公共产品的性质，对它的投资能够带给个人及社会巨大的收益。为促进我国高等教育事业的发展，由高等教育受益各方分担

---

① Johnstone D B. The Economics and Politics of Cost Sharing in Higher Education：Comparative Perspectives[J]. Economics of Education Review，2004，23(1)：403-410.

② Rodrigues A J，Wandiga S O. Cost Sharing in Public Universities：A Kenyan Case Study[J]. Higher Education Policy，1997，10(1)：55-80.

③ 蒋鸣和．“九五”期间我国高等教育发展的回顾与展望[J]．教育发展研究，2000(4)：9-12.

④ 范先佐，周文良．论教育成本的分担与补偿[J]．华中师范大学学报(人文社会科学版)，1998(1)：21-26.

与补偿高等教育成本就成为必然的选择。另外，他还提出，高等教育成本应由个人、政府、高校自身及用人单位分担[①]。林容日认为教育成本分担的基本原则有预期收益原则、成本—收入平衡原则、经济能力原则和公平原则；实施教育成本分担的难点有成本核算难、配套政策难、观念转变难[②]。沈红、徐东华探讨了在收费政策下本科生教育成本的内涵、项目与核算问题，为我国本科生教育收费政策的有效实施和教育成本问题的研究提供参考[③]。陈晓宇、闵维方分析了我国高等教育的个人收益率和社会收益率，为我国高等教育成本补偿和个人分担找出理论根据[④]。陈鸣、朱自锋探讨了国家分担高等教育成本的比例和如何确定个人及家庭分担教育成本比例，提出要增加国家财政投入[⑤]。除此以外，还有许多学者对高等教育成本回收引发的一系列问题做了理论探讨与实证分析[⑥]。

(2)关于我国高等教育成本分担发展状况的研究。有学者简要评述了高等教育经费来源构成的研究文献，并运用1990—2001年的统计数据，重点分析中国高等教育经费来源的构成及各构成要素变化的特点和可能的决定因素，附带分析不同财政隶属关系的高等教育机构经费来源构成的不同特点[⑦]。徐光寿分析了20世纪90年代我国高等教育投资体制改革的历史进程与基本经验[⑧]。刘亚荣运用制度经济学的制度变迁理论，对我国普通高等教育投资体制改革的动态过程进行分析，指出在改革开放的大环境影响下，高等教育投资体制改革以诱导性制度变迁开始，根据各投资主体和政府自身利益的需要，预测到以后的高等教育投资体制改革将逐步以政府为主导的强制性制度变迁为主[⑨]。华成

① 曾贱吉．论高等教育成本分担与补偿的主体[J]．山东教育学院学报，2001(1)：18-21.

② 林荣日．略论研究生教育成本分担的若干问题[J]．教育改革与管理(研究生教育研究)，2004(2)：24-28.

③ 沈红，徐东华．基于收费政策的中国本科生教育成本初探[J]．教育研究，2002(6)：72.

④ 陈晓宇，闵维方．我国高等教育个人收益率研究[J]．高等教育研究，1998(6)：33.

⑤ 陈鸣，朱自锋，李仲平．中国高等教育成本分担的政策分析[J]．教育财会研究，2003(3)：30-33.

⑥ 陆根书，钟宇平．高等教育成本回收的理论与实证分析[M]．北京：北京师范大学出版社，2002.

⑦ 郭海．20世纪90年代中国高等教育经费的来源构成变化[J]．清华大学教育研究，2004，25(5)：46-49.

⑧ 徐光寿．新时期高等教育投资体制改革的历史进程与基本经验[J]．教育史研究，2005(1)：61-65.

⑨ 刘亚荣．我国普通高等教育投资体制改革过程的动态分析[J]．教育研究，2002(8)：55-57.

刚对1949年以来我国普通高等教育经费的投入情况做了分析①。

(3)关于我国高等教育成本分担模式的研究。周会娟、游春常把世界高等教育财政体制分为三大模式：低收费公立高校与私立高校并重的美国模式；低收费公立高校为主的欧洲模式；私立高校为主加低收费公立高校的东亚南美模式。我国现行高等教育财政模式表现为高收费公立高校为主加少量民办高校，这种模式所引发的问题表现为政府财政投入不足及学费过高②。关于成本补偿模式，有学者认为可按负担者特征的不同，划分三种补偿模式：①由成绩较差的学生负担，如日本；②由成绩优秀者扮演分担成本的主要角色，如美国私立大学；③平均分担模式，如我国高校并轨后的收费模式。不同国家采用不同的成本补偿形式，这些不同组合的标准把成本补偿模式划分为美、日、澳模式③。李祖超认为在解决教育经费短缺问题上，拓宽政府财政拨款主渠道、通过税收为教育筹资、收取学费、增加学校服务收入、扩大教育捐赠、发行教育彩票等是美国、英国、法国、日本等国家筹措教育经费最主要且最有效的方法，我国应该借鉴这些方法，进一步拓宽教育经费来源渠道和途径。拓宽政府财政拨款这一主渠道，加大预算内教育拨款力度；从税收中划出一部分作为教育经费，这是最稳定的来源；完善教育成本分担机制，区分不同学段的学费收取标准；发挥学校的优势及作用，通过为社会服务来获得收入；鼓励个人或社会团体等向教育捐赠；通过发行教育彩票等来筹集教育经费④。吴少新认为现行公立高校资源受两个极限(即公共高校财政支出占公共财政支出之比例、学生学费负担占学生成本之比例已基本达到极限)和两种极端(高等教育资源垄断下的多元资金进入抑制和产权缺位下的超额贷款)的制约，导致现有公立高校所担负的资源扩张历史地位同现行资源扩张困境不匹配。为此，需要采取产权重构，发挥存量倍数效应，建立政府控股下的产权资源资本化、垄断资源市场化、概念资源货币化、公共资源经济化和校园资源经营化的新型资源扩张机

① 华成刚．1949年以来我国普通高等教育经费投入情况分析[J]．教育发展研究，2003(8)：40-44.

② 周会娟，游春常．论我国高等教育财政体制的模式选择[J]．高等教育研究，2003，19(2)：53-55.

③ 哈巍．谁来为高等教育付费——高等教育成本补偿的国际比较[J]．教育发展研究，2002(3)：70-71.

④ 李祖超．教育经费筹措方法的比较与借鉴[J]．教育理论与实践，2002(3)：18-22.

制，这将能有效解决高等教育资源巨大需求等问题[①]。大部分学者认为解决我国高等教育经费短缺的根本出路在于确保与增强政府教育投入[②]。也有学者认为高等学校是准营利性组织，高等学校可实行全额收费制，采用多种多样的企业化经营方式[③]。有学者建议采取以"政府逐步退出教育活动的微观领域"的"教育民营战略"和"全面开放国内高等教育市场，共享全球高等教育资源"的"全球化战略"，从而实现中国高等教育的跨越式发展[④]。建立多渠道、新型的高等教育筹融资体制，包括继续推行教育国债、成立教育发展银行、充分发挥教育信托投资公司作用、发行教育彩票和加大教育消费信贷[⑤]。引进社会投资、融资、教育彩票、教育国债等市场手段，集聚教育资金；进一步推行教育费用的成本分担，逐步形成适应不同办学体制学校、不同科类专业，并按经济发展、财政能力和通货膨胀率而自动调整的收费制度[⑥]。陈晓红、何鹏大胆地提出对我国部分高校进行一次"股份制改造"的新观点。实践证明，股份制作为一种具体的高校办学模式，是高校解决资金问题的有效途径。股份制既能回避办学的资本风险，又能保证高校办学自主权；既能调动社会参与办学的积极性，又能解决学校的公益性与资本的私利性之间的矛盾。股份制高校是与现代企业制度和未来教育相适应的新型的办学模式[⑦]。股份制办学实践引起了理论研究者与实践工作者的广泛关注。

(4)关于我国高等职业教育发展历程的研究。易元祥把我国高等职业教育的发展分为以下时期：党的十一届三中全会以后到20世纪80年代末的规模扩张期，主要特征是职业大学的兴办；1990年到1995年的内涵发展期，主要标志是"三改一补"政策的出台；1996年以后的结构调整期，高等职业教育发展

---

① 吴少新．论公立高校的资源扩张机制[J]．江汉论坛，2004(1)：49-51.

② 潘钧池，江立军，郑建仁．解决我国高等教育经费短缺的根本出路[J]．广播电视大学学报(哲学社会科学版)，2000(4)：99-101.

③ 杨明．从高校与企业的似与不似看高校组织的性质[J]．浙江大学学报(人文社会科学版)，2002(3)：117-120.

④ 吴华．中国高等教育规模扩张的观念基础与战略选择[J]．全球教育展望，2002(1)：25-28.

⑤ 张阳，雷良海．促进我国高等教育迅速发展的筹融资体制研究[J]．现代教育科学，2003(1)：61-63.

⑥ 胡瑞文，陈国良．中国高教筹资多元化：成就、挑战、展望[J]．教育发展研究，2001(7)：5-9.

⑦ 陈晓红，何鹏．我国高校能否实行股份制改造？[J]．现代大学教育，2003(1)：28-31.

进入了新阶段①。匡瑛把我国高等职业教育的发展分成了两个历史时期：从1949年中华人民共和国成立，到1978年底，为社会主义改造和建设时期；1978年党的十一届三中全会以后为社会主义现代化建设的新时期。后一时期由于高等职业教育得到空前发展，因而又分成了以下几个阶段：一是20世纪80年代初期的高等职业教育试点，二是20世纪90年代前半期高等职业教育在小范围内的推广及结构改革，三是20世纪90年代后半期的铺开举办高等职业教育，四是世纪之交高等职业教育的深入改革，中国高等职业教育的发展与变革主要以政府颁布的政策为线索展开②。宫宁把我国高等职业教育的发展历程分为高等职业教育复苏阶段(1949—1977年)、高等职业教育初期创办阶段(1978—1990年)、高等职业教育内涵发展阶段(1991—1998年)、高等职业教育大力发展阶段(1999—2011年)、高等职业教育加快发展阶段(2012年至今)③。夏晓青表示建党百年来，我国高等职业教育经历了探索(1921年前)、萌芽(1921—1949年)、调整(1949—1978年)、发展(1978—2005年)和优化(2005年至今)五个阶段，每个历史时期，高等职业教育在政策定位和发展导向方面具有不同的阶段性特点④。李盖虎等把我国高等职业教育发展分成酝酿起步阶段、积极探索阶段、快速推进阶段、深入发展阶段和稳定完善阶段。

(5)关于我国高等职业教育成本分担状况的研究。王前新提出要构建高职院校多元主体办学体制，采取依托行业办学、与企业合作办学、中外合作办学、“国有民办”办学模式⑤。杭永宝做了我国职业教育对国民经济增长贡献的实证研究，得出职业教育对经济增长贡献相对份额较高，增加职业教育含量是我国教育经济协调发展的关键；并分别对我国职业教育的成本与收益做了定量研究，得出的初步结论是高中毕业后选择高职教育和初中毕业后直接接受中职教育，要比直接进入劳动力市场收益更高，高职教育社会收益率高于大学本科，中职教育社会收益率远高于普通高中⑥。李良斋认为高职教育投资的正外

---

① 易元祥．中国高等职业教育的发展研究[D]．武汉：华中科技大学，2004.

② 匡瑛．高等职业教育发展与变革之比较研究[D]．上海：华东师范大学，2005.

③ 宫宁．基于民生改善的中国高等职业教育发展研究[D]．长春：吉林大学，2016.

④ 夏晓青．建党百年我国高等职业教育发展历程回顾及展望[J]．教育与职业，2021(16)：13-19.

⑤ 王前新．高等职业技术院校发展战略研究[D]．武汉：华中科技大学，2004.

⑥ 杭永宝．职业教育的经济发展贡献和成本收益问题研究[D]．南京：南京农业大学，2006.

部性特点以及具有的国家战略意义决定了政府必须参与高等职业教育的投资；个人、家庭为达到某种社会的或家庭自身的目的而对高等职业教育进行投资；社会对高等职业教育的投资，包括了企业对高等职业教育的投资以及社会团体对高等职业教育的捐赠①。吴严等认为教育成本影响高职院校规模和专业结构，生均教育成本对高职院校专业招生人数、专业年收费标准和高职院校招生规模都有影响②。龚冷西探讨了我国高职教育经费投入制度的变迁，分析了“基数经费+发展经费”“综合定额+专项补助”“基本支出+项目支出”等政策对我国高职教育发展的影响；高职教育经费投入经历了从单一依靠中央财政拨款到多渠道投入的结构变迁；政府仍然是经费投入主体，多种主体合理分担教育经费；提出逐步将高职院校绩效评价结果作为教育经费投入依据，完善以绩效为导向的高职院校生均拨款制度和绩效目标管理制度、开展第三方机构经费绩效评估制度③。

1.3.3 本书的研究方向

对高等教育成本分担主体的支付能力的关注，是本书的核心。本书在借鉴前人研究的基础上，从高等教育成本分担主体的支付能力来分析高等教育成本分担理论在我国的适应性。在成本分担模式研究中，主要也是分析各主体分担高等教育经费的比例，并评价其优缺点，借鉴国外的经验从国际比较的角度来思考我国的高等教育成本分担改革。从历史发展角度分析我国高等职业教育的发展历程，并分析我国现阶段高等职业教育的成本分担状况。最后在前面研究的基础上构建一种我国的高等职业教育成本分担模式，综合分析考虑各主体的支付能力后提出要提高财政性高等职业教育经费比例，降低学费比例，实施大学毕业生税和提高捐赠比例，并提高企业直接参与分担高等职业教育成本的意愿。

---

① 李良斋．高等职业教育多元化投资问题研究[D]．北京：北京交通大学，2008.

② 吴严，唐宏，巫冬涛．教育成本影响高职院校规模和专业结构探析[J]．高教论坛，2016(5)：102-105.

③ 龚冷西．高职教育经费投入改革研究——以西部C省为例[D]．重庆：西南大学，2017.

第 2 章
高等教育成本分担理论

2.1　高等教育成本的含义

2.1.1　教育成本

高等教育作为我国教育体系的一个关键组成部分，属于非义务性质阶段的教育，位于整个正规教育体系的终端，是连结整个教育体系与整个社会经济、政治、文化、生活等的重要纽带与桥梁。它向社会输送符合各个部门需求的高层次专门人才。因此，高等教育的成本问题以及成本分担问题，关系到高等教育的发展、高等教育层次结构的调整、各级各类专门人才培养的规格和规模。

"成本"一词是经济学概念，属于商品经济的价值范畴，是商品价值的组成部分。人们要进行生产经营活动或达到一定的目的，就必须耗费一定的资源，其所费资源的货币表现及其对象化称为成本。随着商品经济的不断发展，成本概念的内涵和外延也在理论探讨和实践应用中不断地变化、发展、扩大。它还包括做出某种选择必须付出的代价，也即机会成本。

教育成本是教育经济学中的概念，是 20 世纪 60 年代初随着人力资本理论的形成、发展而提出来的。西方教育经济学家认为，教育投资和其他经济行为一样，也是一种生产性投资，可计算投入和产出，也同样存在成本和效益。教育部门应当像其他物质生产部门一样，进行成本核算。

1958 年，最早研究教育经济学的学者之一约翰·维泽，在其专著《教育成本》一书中，对从 20 世纪初到 20 世纪 50 年代英国教育经费的变化情况进行了研究，当时他把教育经费等同于教育成本。西方教育经济学者把教育成本视为生产教育所投入的资源的价值。教育成本即指学生在学校接受教育期间，所支付的直接与间接教育费用。英国著名教育经济学家希恩指出，教育部门，同其他经济部门一样，要使用一部分宝贵资源，这些资源，如不用于教育部门，就可以用于别的部门。美国著名经济学家舒尔茨 1963 年在《教育的经济价值》一书中认为，学校可以视为专门"生成"学历的厂家，教育机构(包括各种学校在内)，可以视为一种工业部门；把学校教育视为一种投资进行研究，这便为经济学提供了新知识的重要来源。他提出了教育全部要素成本的概念，把教育的全部要素成本划分为教育服务成本和机会成本①。其中教育服务成本主要包括教师、图书管理工作人员、学校管理人员的服务成本和维持学校运行耗费的要素成本，以及房屋、土地等的折旧及利息成本。他在划分中还特别指出学生食堂、住宿、运动队活动等各项成本是与教育服务无关的附属活动的成本，以及学生的奖学金、补助等转移支付性质的支出都不能包括在教育服务成本内。机会成本是指学生因上学而放弃的收入。我国著名的教育经济学家王善迈认为，教育成本是用于培养学生所耗费的教育资源的价值，或者说是以货币形态表现的，培养学生由社会和受教育者个人或家庭直接或间接支付的全部费用②。

范先佐认为教育成本包括教育的社会直接成本和间接成本，受教育的个人直接成本和间接成本。教育的间接成本又称机会成本。教育的社会直接成本指各级政府通过财政支付的教育费用，企事业单位、慈善机构以及其他社会集团或个人对教育的捐款、捐赠等。社会间接成本指教育使用的土地、建筑物、设备等如不用于教育而用于其他方面可能获得的利息、租金收入，或用于教育而免除的税收，达到法定劳动年龄段的学生如不上学而就业时国家可能获得的税收。教育的个人直接成本指学生本人、家庭、亲友为学生受教育直接支付的学费、杂费、书籍文具费、文体费、交通费、住宿费、生活差旅费等。个人间接

① 范先佐，周文良．论教育成本的分担与补偿[J]．华中师范大学学报(人文社会科学版)，1998(1)：21-26.

② 顾晶晶．研究生教育成本分担：理论、模式与建议[D]．南京：南京农业大学，2007.

成本指达到法定劳动年龄段的学生因上学而未就业可能放弃的就业收入。①

2.1.2 高等教育成本

高等教育成本是教育成本的下位概念，它既包括以货币支出的教育资源价值，即教育的实支成本，也包括因资源用于教育所造成的价值损失，即教育的机会成本。总体来说，高等教育成本包括以下四个方面的内容：一是高等学校为了培养一定数量、一定层次的学生所耗费的一切教育资源的价值，即高等学校教育成本，它是高等教育成本的下位概念，是高等学校为了学校正常运转而进行的货币支付。二是受教育者个人或家庭为其子女接受高等教育所支出的一切开支或耗费，即个人实支成本。三是受教育者个人因参加学习而未能参加工作而减少或放弃的收入，即个人机会成本或教育机会成本。四是高等学校将公共资金用于教育而损失的收益，即高等学校机会成本②。具体来说，高等学校教育成本主要由以下几个部分构成。

(1)人力成本。所谓人力成本是指为了维持高等学校正常的教学活动而发生的一些人员费用，包括教学人员、教学辅助人员、行政人员以及为使学校的教学活动正常开展必须具备的其他人员的工资、奖金以及各项津贴等。

(2)高校房屋及建筑物价值的分摊成本。在进行房屋及建筑物和各种设备分摊的时候，主要是考虑固定资产折旧和这些建筑设施的维护所需要的开支。相对于中小学教育，高校的房屋及建筑物种类和面积更多，所需要的成本也相对更高。

(3)高校设备及其他资产的分摊成本。高校设备及其他资产包括用于教学的各种用具，如教师使用的各种课桌椅和教学用具、学校图书馆收藏的图书、各种实验实训设备。这部分成本包括购置费、折旧费和维修费等。

(4)日常维持费用。指学校在日常运转过程中为了维持日常正常的教学、科研和学生各种活动而发生的直接的可以进入成本计算的费用，如办公费、公务费、水电费、学生活动费、老师活动费、学生奖助学金、学费减免费、电话费、实验实训费、水电费、修缮费、借款利息支出费、高校专项业务费、科研

---

① 范先佐，周文良．论教育成本的分担与补偿[J]．华中师范大学学报(人文社会科学版)，1998(1)：21-26.

② 刘莉．高校教育成本的核算及分担[D]．成都：西南财经大学，2007.

经费、人才引进经费、职工福利费、工会经费、后勤服务费以及各个教学管理部门发生的费用。

(5)学生个人直接成本。包括学费、书费、伙食费、交通费和文具费等学习阶段的开支，这也是家庭所要承担的生活费部分。

(6)高校公共机会成本。指公共资金用于教育而损失的收益，包括土地、房屋建筑物等资产的资金，还包括高校占用的各项资产所损失的收益、潜在的租金收入，以及政府对学校的免税政策形成的收益。

2.2 约翰斯通的高等教育成本分担理论

2.2.1 理论的提出

20 世纪五六十年代，世界各国普遍实行免费高等教育，高等教育经费完全由政府投资，这导致政府对高等教育的拨款数额快速增长。舒尔茨、弗里德曼、萨哈罗普勒斯、伍德霍尔等人都对这种完全由政府投资高等教育政策提出批评，认为既不符合公平原则，也不符合效率原则。20 世纪 60 年代以来，人力资本理论的出现及其在社会各领域研究的深入，高等教育个人收益率的实证研究也在不断深入，高等教育的个人收益率高于其他初等教育的收益率也成了共识。20 世纪 70 年代经历全球性的经济危机后，各国财政状况普遍恶化，带来了公共教育经费的大幅削减，使不少国家的高等教育财政陷入严重危机之中。加之各国高等教育的入学率迅速提高，发达国家高等教育实现大众化，使得经费更是捉襟见肘。高等教育成本分担理论就在这种背景下出台了，高等教育成本分担也成了各国政府必然的选择。

“成本分担”这一术语最早是美国加利福尼亚州在 20 世纪 60 年代制订高等教育发展规划时使用的，当时并没有在加州以外产生太大的影响。20 世纪 70 年代初，美国著名教育经济学家、美国纽约州立大学布法罗分校校长布鲁斯・约翰斯通在研究大学生资助政策的过程中，将成本分担作为一个基本的概念使用。约翰斯通从高等教育成本构成的视角着眼，要求承担高等教育直接成本不足的社会群体增加成本分担份额。

约翰斯通是一位很有影响力的教育经济学专家。20 世纪 70 年代他担任纽约州立大学布法罗分校校长，80 年代又担任纽约州立大学总校校长，同时还长期兼任美国大学入学考试委员会和全国大学生资助联合会的政策顾问。他对高等教育成本分担问题的研究始于1971年，他当时的目标是试图通过研究，在美国建立一种按收入比例还款的贷学金机制。在研究中，他意识到，要建立合理的大学生资助政策，首先必须弄清楚高等教育的成本构成，弄清楚谁为高等教育提供资金，谁为高等教育承担费用，谁享受高等教育带来的收益。1984年秋，约翰斯通在美国科罗拉多州召开的"大学资助服务三十届年会：2000年议程"上首次使用了"高等教育的成本分担与转移"(sharing & shifting the costs of higher education)这一概念。1986年，约翰斯通出版著名的《高等教育的成本分担：英国、联邦德国、法国、瑞典和美国的学生财政资助》(*Sharing the Costs of Higher Education：Student Financial Assistance in the United Kingdom，the Federal Republic of Germany，France，Sweden，and the United States*)，他在书中提出了著名的高等教育成本分担理论，并使高等教育成本分担理论迅速传播开来。他认为应该从市场角度出发，按照"谁受益谁付款"的原则，在明确高等教育成本构成的基础上，明确各方的责任。该书中还有一个与成本分担密切相关的词是成本补偿(或成本回收)，主要是指原来由政府承担的教育费用通过一定的方式而得到一定程度的补偿。

2.2.2　高等教育成本的构成和结构

约翰斯通认为，从某种意义上，高等教育的成本已经成了解决其他问题，诸如高等教育质量、高校扩大招生、促进社会公平、提高管理效率和国家承担能力的关键部分。他认为，直到20世纪80年代初，人们对高等教育成本的认识还不足，对高等教育成本的意义以及成本构成还众说纷纭。他在研究中把高等教育成本分成了三大类。第一类是高校教学成本(costs of instruction)：主要是由大学为教学支付的费用构成，包括教师工资、教学辅助人员工资、学校图书杂志、教学仪器设备、教学用建筑、水电费用等。第二类是学生生活成本(costs of student living)：这一项费用包含由学生和家长为学生的住宿、伙食、日常生活开支，以及为学习需要的书本、文具和往返学校交通支付的费用。第三类是学生放弃的收入(student foregone earnings)：学生放弃的收入在理论上可以算作一种为高等教育支付的成本。学生为了上大学而不参加社会生产劳动，损失了个人收入；同时，社会也损失了实际的劳动生产力和国民收入。在20世纪社会各行各业需要大批非技术性而不需要接受高等教育的工人、失业率又很低的工业化社会中，学生花几年时间接受高等教育，给社会造成的损失也就更大①。

约翰斯通在理清了高等教育的上述三大类成本后，作了成本分担情况的分析。他首先将教学成本、生活成本和放弃的收入分解为成本结构中的六个层次，如图 2-1 所示。

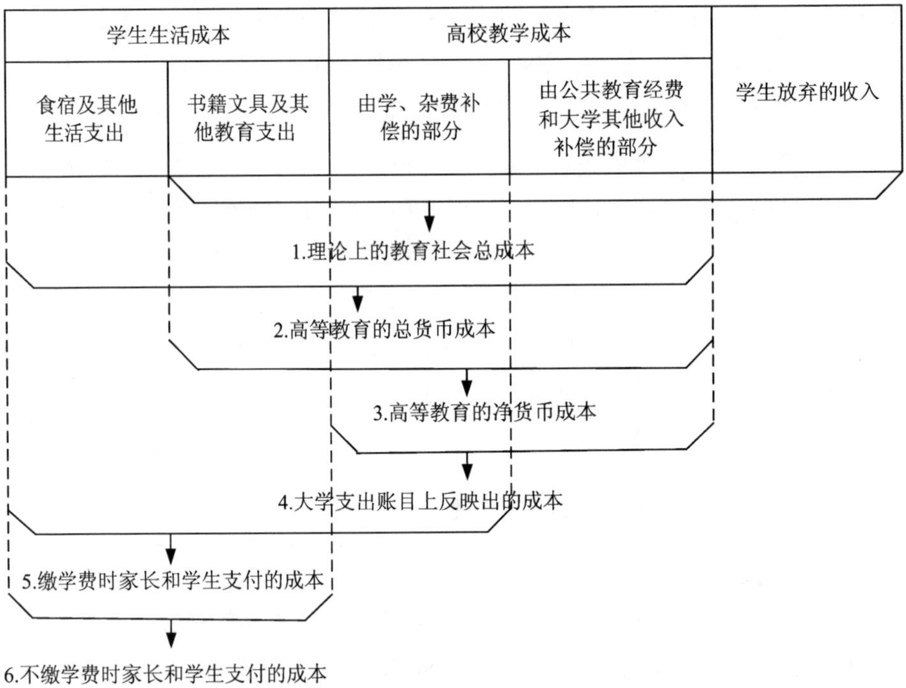

图 2-1 高等教育成本结构图②

理论上的教育社会总成本，包括教学成本、学生图书文具及其他教育支出成本和学生因接受高等教育放弃的收入，但是不包括食宿成本和其他生活支出，因为一个人不管是否接受高等教育，这部分费用总是存在的。

---

① 张民选．理想与抉择——大学生资助政策的国际比较[M]．北京：人民教育出版社，1998.

② Johnstone D B. Sharing the Costs of Higher Education：Student Financial Assistance in the United Kingdom，the Federal Republic of Germany，France，Sweden，and the United States [M]. New York：College Entrance Examination Board，1986.

高等教育的总货币成本，包括所有必须为高等教育支付的货币，但是它不包括学生接受高等教育放弃的收入，因为这部分成本并不参与高等教育活动货币交易。

高等教育的净货币成本，它不包括学生图书文具及其他教育支出成本，因为这些开支也出现在其他活动中，并不真正专属于上大学的开支。

教学成本，是通过大学的经费支出反映出来的。

在接受高等教育需要交学费的条件下，学生和家长面对的成本，包括生活费和学费，不管学费占教学成本的比例是多少。

在免费的条件下，学生和家长面对的成本，不包括任何教学成本，而只包括学习期间的生活成本和图书文具等成本。

2.2.3 高等教育成本的分担主体

高等教育成本分担这个理论来源于这样一个假设，即高等教育的成本可以看成来自四大块，即四个支付高等教育成本的主体：①政府或纳税人；②学生家长；③学生；④个人或机构捐助者。约翰斯通的观点是，无论在任何社会、体制和国家中，高等教育的成本都必须由这四个主体提供的资源来分担。下面详细阐明各个承担高等教育成本的主体。

1. 政府或纳税人

大部分市场经济体制国家的经济学家更倾向于认为公共财政资金来源于纳税人而不是政府。税收可以由公民直接地或显性地交纳，比如个人所得税、财产税、销售税以及对人们购买汽车、香烟、粮食、境外旅游、进口物品等征收的消费税；税收也可通过间接或隐蔽的形式交纳，各种各样的间接税对普通百姓来说是看不见的，比如营业税和企业所得税等，也就是让这些物品应缴的税款以高价格的形式由消费者最终承担。如果价格完全由政府控制，比如像大多数社会主义国家那样，物品价格完全由政府定价，或者如果企业不能以涨价的方式将收税部分转嫁给其他消费者，税收就只能由员工以降低工资的形式承担。另外，政府还可以不通过税收的形式，而是通过印刷钞票的形式来降低公民的购买力，即通过政府财政赤字、通货膨胀等方式使社会公民的工资和资产的实际价值降低而将财产转移给政府。

2. 学生家长

他们以支付学费、承担学生的部分生活费和学习用品费或让学生住在家里等形式分担高等教育成本，家长从他们现期的收入中拿出一部分负担这些教育成本，有部分学生的教育成本来自家长的储蓄存款，甚至还有部分学生的学费是借来的，也就是相当于来自家庭未来的收入。家庭中的其他人，如祖父母或大家庭中的其他成员，如果他们承担学生高等教育费用，也都可以归为学生家长之列。

3. 学生

学生在上学期间可以通过勤工助学、兼职或假期打工的形式，或通过贷款来负担部分教育成本。贷款可以在学生毕业后或就业后偿还，也可以按月分期偿还，或者由企业雇主从该毕业生的工资收入中扣除一部分转还给贷款银行。学生贷款还款还可以按收入比例偿还的形式或通过其他类似的形式，如毕业生收入附加税来还清本息(假定贷款人是政府的话)。在所有情况下，无论是传统的分期偿还制还是按收入比例偿还制，对学生来说，最重要的不是贷款的形式，而是借贷后还款的总数、利率以及年限。

4. 个人和机构捐赠者

这些捐赠者中，有些是把金钱捐赠给大学，然后一般由大学根据学生的具体家庭经济情况，给家庭收入低的学生发放奖学金。有些捐助者或许早已去世，但他们捐给大学的大量捐款却以捐赠基金的形式保留下来了。这种情况在美国比较常见，每年只用基金的增值部分来做奖学金或填充大学的运行经费。按这种模式，这些捐赠实际上能永久存续。捐助人也许是个人或基金会，他们通过捐款以补偿高等教育成本，否则这些高等教育成本就要由其他人来分担。当大学向来自贫困家庭但有才华的学生提供奖助学金时，就是帮助学生承担了本该由学生和他的家庭承担的部分高等教育成本。有些捐助人可能是富裕学生的家长，通过捐赠他们负担的比本该要求他们分担的教学成本多。用这些捐赠来给大学设立奖学金，可以提高大学的质量和声誉，这也是大学的合法性支出①。

约翰斯通认为企业在承担高等教育成本方面也起到了一定的作用。企业可以承担部分教学成本，有时还可以承担学生的生活成本。它们承担成本的方式可以通过为企业职工支付学费，或者向学生授予奖学金，以及向大学捐赠无特定限制用途的基金，大学可以用这些资金资助学生、支付教学成本、购买设备等。同时，约翰斯通认为企业为大学提供资金时，实际上是从多方面参与了资金提供。由于企业向大学提供资金，政府会降低企业的赋税，所以相当于纳税人也参与了资金提供，雇员、股东和企业的所有成员也参与了资金提供。因此，企业本身很难说是与学生、家长、纳税人、慈善家等一样的高等教育成本的最终承担者②。这也是他把企业单独列出来而不是算在前面四大主体中的原因。

2.3　高等教育成本分担理论的理论基础

2.3.1　高等教育的准公共产品属性

公共经济学理论把整个社会产品分为三大类：公共产品、私人产品和准公共产品。在市场经济体制下，消费某种社会产品是否要自己付费，要看这种社会产品是哪一类产品。

1. 公共产品

诺贝尔经济学奖获得者、美国著名经济学家保罗·萨缪尔森（P A Samuelson）于1954年正式提出了公共产品理论，认为纯粹的公共产品应该是，每个人对它的消费都不会导致别人对该产品消费的减少③。这些产品为社会全体公民共同享有，而不能为任何个人单独所有。

---

① 约翰斯通．高等教育财政：问题与出路[M]．沈红，李红桃，译．北京：人民教育出版社，2004.

② 张民选．理想与抉择——大学生资助政策的国际比较[M]．北京：人民教育出版社，1998.

③ Samuelon P A. The Pure Theory of Public Expenditure[J]. The Review of Economics and Statistics, 1954(36): 387-389.

纯公共产品在消费中具有非竞争性和在技术上具有非排他性，这是纯公共产品两个最基本特征。非竞争性是指，在一定条件下，相对于特定的公共产品产出而言，多增加一个消费者，产品的成本不会改变，也就是边际成本为零。因此，公共产品具有共同消费、共同受益的特点。非排他性是指受益人在享受公共产品服务时，无法将其他人排除在受益人之外而使他们不能或者减少受益的数量和质量①。根据非竞争性和非排他性的程度，公共产品可以细分为纯公共产品和准公共产品两类。公共产品的特性是在与私人物品的特性进行比较时归纳出来的，与公共产品相对的私人产品也对应有两个基本特征，即竞争性和排他性。

2. 准公共产品

根据萨缪尔森的理论，人们发现，现实生活中纯粹的公共产品很少，在现实生活中，除了公共产品与私人产品之外，还有介于两者之间的产品，既具有公共产品的特性也具有私人产品的特性。1973 年，桑德莫(A Sandmo)根据萨缪尔森的公共产品理论，着重从消费视角研究了准公共产品。他认为这种准公共产品具有局部的排他性和局部的非竞争性。它们兼有私人产品和公共产品的特点。识别公共产品首先要分析该产品的消费是否存在竞争性，存在竞争性的产品必定不属于公共产品。然后，再分析它在技术上是否具有排他性，如果有，或者排他成本很高，则都不是公共产品。桑德莫认为在通常情况下，很多商品都具有准公共产品的特性，即都处在介于纯公共产品和私人产品之间的某个位置上。越靠近公共产品这一端，这种商品供给就更适于公共产品供给理论。政府对它的财政支持应该就要更多一些，个人承担的费用相对就应该少一些。越靠近私人产品那一端，则更适于私人产品的供给理论，政府可能很少或者不给予经济支持，个人为了享受这种商品带来的服务，就需要支付部分或全部费用②。

由于准公共产品的这种介于纯公共产品和私人产品之间的特性，在供给上相应地引起供给主体是政府还是市场的争论。无论是由政府提供还是由市场提

① 世界银行《1997 年世界发展报告》编写组 . 1997 年世界发展报告：变革世界中的政府[M]. 蔡秋生，等译 . 北京：中国财政经济出版社，1997.

② 李从松 . 大学贫困生贫困的经济分析与对策研究[D]. 武汉：华中科技大学，2002.

供，其衡量的标准都是一致的，即公平与效率。对于准公共产品，一般而言，消费者所享受的准公共产品的数量是相同的，也就是不考虑消费者初始禀赋条件，享受准公共产品的消费过程或机会是平等的，因而其享受结果也是平等的。所以，一般在衡量准公共产品提供的机制中，可以相应地忽略公平标准，而只利用效率标准比较出政府提供与市场提供的差异，从而选择最恰当的供给方式。也可以采用对于准公共产品的购买，公民支付部分费用，政府对准公共产品提供一定的补贴和经济资助的方式。

收益的外部性是准公共产品的特性之一。收益的外部性使得收益难以计量。在收益因为难以计量而不确定的情况下，对准公共产品的提供，一般只能利用其成本来进行衡量。

准公共产品也和公共产品一样，具有拥挤性的特点，尤其是在教育领域。拥挤性是指在准公共产品的消费中，当消费者的数量从零增加到某一个可能相当大的数量时，即达到拥挤点时，就显得十分拥挤，在未达到拥挤点的范围之内时，可以增加额外的消费者，此时不会发生竞争。当超过拥挤点时，消费者的增加将减少全体消费者的效用。在达到拥挤点之前，每增加一个消费者的边际成本是零，随着消费者的不断增加，超过拥挤点后，新增加的消费者的边际成本开始上升。当消费者容量增加到绝对限制时，消费者的边际成本会无限增大。由于某些准公共产品在实际消费过程具有很强烈的私人产品性质，所以如果由政府承担全部费用，人们就有可能过度消费该产品，这样就可能加剧该产品的拥挤性。①

3. 高等教育的属性

美国学者菲利普·G. 阿特巴赫认为，目前人们逐渐倾向于将教育看成一种可以购买的商品，并在此基础上形成了一套完整的实施技术。教育的商品化对大学乃至现代社会公民权的思考均产生了重要影响②。

从世界各国的教育实践来看，高等教育仍是作为一种公共性程度很高的准公共产品而存在的，我国当然也不例外。从理论上来看，高等教育的准公共产

---

① 李良斋．高等职业教育多元化投资问题研究[D]．北京：北京交通大学，2008.

② 阿特巴赫．作为国际商品的知识与教育：公共产品的消解[J]．覃文珍，译．北京大学教育评论，2003(1)：37.

品特性是由自身的规律和特点决定的。

高等教育在消费上具备着鲜明的排他性和竞争性，即有限的高等教育产品供给并不可能满足全社会所有人对高等教育的消费需求；在收益上具备着鲜明的外部性，即接受高等教育的人越多，社会中的知识资本、人力资本和道德资本将越多，从而有益于整个社会经济的发展和文明的进步。而高等教育的成本则部分来自其他纳税人，因此，高等教育是典型的准公共产品，这正是全球性高等教育财政体系改革、实行高等教育成本分担的基本理论依据。

1)高等教育的排他性

高等学校提供的是一种高等教育服务，其直接产出是学生的知识和能力的增加、思想品德和道德素养的提高，即对求学者传授知识和技能，或者说是人力资本的形成和提高。这种知识和技能应用在社会生产和生活中，会给受教育者和社会带来收益，这是大学区别于其他社会机构的本质属性。在大学里，成千上万的受教育者能够互不排斥地享受大学所拥有的资源，他们的知识和技能都能得到提高。这体现了高等教育受益的非排他性，体现了高等教育的公共产品属性。

同时，高等教育服务具有很明显的排他性，因为高等教育消费的非整体性使其消费在技术上易于分割，可将一部分人排除在高等教育之外。一方面是高等教育选拔机制的排他性，大学通过一定的筛选制度将符合条件的学生录取到本校，使他们能够有资格享有本校的教育服务，而另外一部分学生则被学校拒绝，排斥在本校录取名单之外，不能享受高校的教育资源。另一方面是高等教育收费制度的排他性。随着收费制度改革的深入发展，学费的刚性上涨是一种必然趋势，高等教育收费的排他作用日趋增强。高等教育的排他性体现了高等教育的非公共产品属性。

2)高等教育的竞争性

在一定条件下，增加一名大学生，高等教育活动的成本不会变化，也不会减少其他学生享受到的教育服务量。这体现了高等教育消费的非竞争性，是高等教育的公共产品属性的重要表现。

但高等教育消费过程也具有竞争性。随着高等教育的不断扩招，虽然在一定程度上满足了大部分民众对高等教育的需求，但也给高等教育的质量带来了一定影响：生均建筑面积下降，使得很多学生上自习困难，上课教室安排很紧张等；生师比上升，教师资源紧张，很多本应小班上课的课程都改为大班上课，甚至两三百人在一间教室上课；生均图书和教学仪器设备数量下降，造成很多学生借书困难，实验教学由本来的一人一台仪器改为几人合用一台仪器；学生住宿和吃饭紧张；体育馆运动场地资源紧张，学生课后运动场地减少等。于是学生们上课抢座位，下课抢饭吃，自习抢教室，实验抢设备，等等，都会严重影响学习效果，耗费学生更多的时间，明显降低了教育服务质量。学生每年的学费和其他杂费不断上涨，得到的教育服务质量却在下降。这就体现了高等教育的竞争性，这是高等教育非公共产品属性的表现。

3)高等教育收益和成本的外部性

外部性是由福利经济学家阿瑟·塞西尔·庇古(A C Pigou)提出来的①。米德则认为，外部性是它使得一个（或一些)在做出直接(或间接)地导致这一事件的决定时，根本没有参与的人，得到可以察觉的利益(或蒙受可察觉的损失)②，也就是某种经济交易所产生的成本和收益落在交易之外不相关的第三者身上，使他无辜受益或者受害。高等教育收益具有巨大的正外部效应，如可以推动经济增长，改善收入分配的不公平，可以使社会物质文明与精神文明大大提高等。综合来看，高等教育的个人收益与社会收益是相关的、一致的，个人收益能够得到大幅度提高，社会收益也是巨大的；可以提高经济活力和社会竞争力，有助于形成高素质的社会。同时，高等教育培养高层次专门人才，传承文化和创新文化，带来很大的国际国内社会影响，其效益既深远又具综合性、全局性。

此外，高等教育的成本也有很强的外部性。高等教育的成本并不是完全由受益人承担，而是部分由其他不相关的人承担，或者说高等教育的各个受益对象所承担的高等教育成本与其收益不成正比。

综上所述，高等教育既不是消费上具有完全竞争性和排他性的私人产品，也不是在消费上完全不具有竞争性和排他性的公共产品，它兼有私人产品和公共产品的成分。同时，高等教育的收益虽然具有很大的正外部性，社会收益大于个人收益，但接受高等教育的人从中得到的收益，比如好的薪水福利、好的工作职位、好的社会地位等，是完全可以内部化的，高等教育的个人收益也是非常明显的。这就决定高等教育的成本，若单独由国家负担，则会出现高等教

---

① Pigou A C. The Economics of Welfare[M]. London: Macmillan, 1920.

② 米德. 效率、公平与产权[M]. 施仁，译. 北京：北京经济学院出版社，1992.

育的供给不足；若单独由个人负担，则会使大量低收入者被排斥在高等教育之外，因而高等教育成本应该由国家和个人以及由社会各界共同承担。

2.3.2 人力资本理论与教育投资收益率

1. 人力资本理论

人力资本投资收益率研究的是劳动力的投资问题，旨在诠释个人的知识才能与技能这些“软”物质成分对经济增长和个人收入增长的作用。人力资本是西方经济学的概念，是与物质资本相对应的，体现在劳动者身上的资本，如劳动者的知识技能、文化技术水平与健康状况等，是一种反映一个人的综合能力和素质的指标。其主要特点在于人力资本与人身自由联系在一起，不随产品的出售而转移，而是通过人力投资而形成①。

人力资本这一术语最早是由英国古典政治经济学创始人威廉·配第在1676年运用的。作为一种理论，它产生于1960年，创始人是诺贝尔经济学奖获得者西奥多·W. 舒尔茨(Theodore W. Schultz)。人力资本收益理论形成于20世纪60年代，代表人是美国经济学家舒尔茨、贝克尔、丹尼森。

人力资本这一术语虽然产生已久，但经济学家对人力资本的研究始于20世纪60年代初。他们对这个问题产生研究兴趣的激励因素主要有两个，即对经济增长剩余的理论解释和发展经济学对教育与经济发展相关性的研究。人力资本领域研究的最大贡献者是舒尔茨和贝克尔。舒尔茨于1961年出版了《论人力资本投资》，后又于1963年出版了《教育的经济价值》一书，最早创立了人力资本理论体系，对经济发展的动力因素做出了全新的解释，他是人力资本理论学说的奠基者和创始人。自此以后，社会各个领域都开始采用人力资本理论②。

舒尔茨的人力资本理论体系内容可以简要概括为：人力资本的增长和积累是经济增长的重要源泉；教育能促进劳动者知识和技能的增加，从而提高劳动生产率——在社会生产条件随时代发展处于不断变化时，接受教育能使劳动者

---

① 教育大辞典编纂委员会．教育大辞典(第6卷)[M]．上海：上海教育出版社，1992.

② 董小翠，杨冠鲁．从人力资本理论的影响看我国高等教育改革[J]．生产力研究，2003(2)：140-141.

更迅速地适应新的工作岗位和状况；高效地分配和充分利用时间的能力是人力资本的重要组成部分，教育能够提高人利用时间的有效性；教育是使一个社会中个人收入分配趋向于平等的重要因素，在教育中获得了知识和技能的劳动者，不仅提高了劳动生产率，而且增强了个人获取收入的能力[①]。

人力资本理论认为，教育不仅仅是一种消费行为，同时也是一种投资活动，是可以增加人的价值含量并影响未来的货币收入和消费能力的投资。随着人力资本理论在各个领域的应用与发展，教育投资收益率也成了人力资本理论的一个重要研究领域。舒尔茨在提出人力资本理论后，继续通过定量研究的方式分析了教育投资的收益率，并测算了教育对经济增长的作用，发现由教育形成的人力资本在各个生产要素之间发挥着相互替代和补充作用，在经济增长中会更多地代替其他生产要素。舒尔茨运用自己创造的经济增长余数分析法，估计测算出美国 1929—1957 年国民经济增长额中，约有 33%是由教育形成的人力资本做出的贡献，有力地证明了人力资本是经济增长的源泉。研究结果表明，教育能够提高工人的收入，促使因受教育不同而产生的相对收入差别趋于减缓，从而使个人收入中社会分配的不平等现象趋于减少。人力资本投资的增加，还可以使物质资本投资和财产收入趋于下降，促使个人收入水平趋于平等化。[②] 这是运用成本—效益分析方法，分析了教育成本的个人收益率和社会收益率，进而充分肯定了教育的经济价值，阐述了教育发展与经济发展的正相关关系。舒尔茨把这一理论广泛用于对高等教育问题的探讨，并在实践中产生了极其广泛的影响。

2. 教育投资收益

对教育投资的关注始于经济学家们对人力资本的注意。第二次世界大战(以下简称二战)后，无论是发达国家还是发展中国家，都把注意力集中到加快本国经济的发展，以德国和日本最为突出。发达国家不仅重视物质资本的投资，而且注重教育投资。于是，经济学家们纷纷进行教育投资、人力资本投资等理论的研究，加快了教育投资理论、人力投资理论的形成与发展。舒尔茨在

---

① 舒尔茨．论人力资本投资[M]．吴珠华，译．北京：北京经济学院出版社，1990.

② 杨广锐．教育成本分担机制下助学贷款风险管理研究——以 S 大学为例[D]．石河子：石河子大学，2020.

1960年提出了人力投资学说，开创了教育投资理论的新纪元。自此，无论是发达国家还是发展中国家，都视教育为社会经济发展的一种重要投资①。

投资于教育的个人收益是受教育者由于知识增长而提高的未来收益，这种收益包括经济利益收益以及精神、思想道德等方面的收益。投资于教育的社会收益体现在教育对经济增长和社会发展的贡献上。

(1)教育投资对经济和社会进步的作用。国家投资于教育，使专业技术人员和管理人员的知识和素质得以提高，工人的操作技能更为娴熟，其特殊的生产功能、替代物质资本功能，最终能促进全社会劳动生产率的提高和经济的持续增长。在这个过程中，国民收入的增长速度远远快于物质资本投入速度，其根源在于人力资本增进所带来的技术吸收进程的加速。通过教育，更多受过训练的人可以提高劳动生产率，国家可以因为拥有更多掌握高超技术和受到良好训练的人而获得好处，这种对人才的投资才是经济增长的关键。

(2)教育投资的个人收益。人们对高等教育的投资不完全是为了收入、就业和生存，很大程度上是希望求得个人的全面发展。教育投资收益首先表现在对个人经济收入增长的贡献，其次是对个人未来生活质量、劳动能力、健康等非物质方面的贡献。

3. 高等教育投资收益率

高等教育投资收益率是反映高等教育投资经济效益的一个重要指标，其大小在很大程度上反映出高等教育投资的优劣，进而为个人和社会进行高等教育投资提供决策参考。按照投资主体的不同，高等教育收益率可分为个人收益率和社会收益率。

世界银行高级教育经济学家萨哈罗普勒斯于1994年分析了78个国家的教育投资收益率，分析结果如表2-1所示。通过对数十个国家的教育内部收益率进行研究和比较，萨哈罗普勒斯等人发现：①初等教育的收益率(无论是社会收益率还是个人收益率)在所有教育层次中最高。②个人收益率高于社会收益率，这一现象在大学教育阶段尤为显著。③发展中国家教育投资收益率高于发达国家相应层次教育的收益率。④低收入国家高等教育的个人收益率高于社会收益率的幅度大于高收入国家。

---

① 李同明．中国现代高等教育经济学[M]．北京：经济管理出版社，1998.

表 2-1　高等教育投资收益率①　　单位：%

地区或组织名称	高等教育社会收益率	高等教育个人收益率
撒哈拉沙漠以南的非洲	11.2	27.8
亚洲*	11.7	19.9
欧洲/中东/北美洲*	10.6	21.7
拉丁美洲	12.3	19.7
经济合作与发展组织	8.7	12.3
世界平均	10.9	20.3
收入水平分类	高等教育社会收益率	高等教育个人收益率
低收入国家（人均收入为0~60美元）	10.6	23.5
中低收入国家（人均收入为610~2450美元）	11.4	18.7
中高收入国家（人均收入为2450~7620美元）	9.5	14.8
高收入国家（人均收入超过7620美元）	8.2	7.7
世界平均	10.7	19.0

注：*指这些地区中不属于“经济合作与发展组织”的国家和地区。

2.3.3　能力支付原则和利益获得原则

能力说认为高等教育不是一项廉价的教育，当个人及家庭所得能力提高时，个人和家庭就应该负担部分高等教育费用。教育经济学家高希钧教授就是持这一观点的代表。在我国（港、澳、台地区除外），随着经济体制改革的不断深入，社会收入的分配结构也发生了极大的变化，国家财政收入占国内生产总值的比例从1978年的32%下降到1996年的10%左右，而个人收入占国内生产总值的比例从1978年的45%上升到1996年的80%以上。在面临教育财政危机的情况下，根据居民付费能力的增加提出教育成本分担思想是很自然的事。

① Psacharopoulos G. Returns to Investment in Education: A Global Update [J]. World Development, 1994, 22(9): 1328.

能力说在阐明了其分担理论时，也提出了如何分担的方法，即$\frac{个人分担部分}{个人分担能力}=\frac{社会分担部分}{社会分担能力}$。

上述公式表明：个人高等教育负担率等于社会高等教育负担率。此外，能力说还应包含另外一种意思，即个人分担比率除了支付能力因素外，还随人们对支付的心理承受能力的增长而增长。渐进式的高等教育学费水平的变化历程会比飞跃式的高等教育学费水平的变化历程更易于让人接受，所以，在高等教育学费改革过程中，采取渐进式的学费递增比飞跃式的递增更容易让人接受①。能力说要求对高等教育成本的支付遵循能力支付原则。人力资本理论与教育投资收益率则要求在支付高等教育成本时要遵循利益获得原则。

所谓能力支付原则，是指所有从教育中获得好处和利益的人，无论是直接的还是间接的，都应该按其支付能力的大小支付教育费用。支付能力越大，支付越多；支付能力越小，支付越少。因为根据边际效用递减的规律，能力越大的人，其超额财富的效用越低，这样，富有者多支付教育成本是公平的。所谓利益获得原则，是指谁从教育中获得好处和利益，无论是直接的还是间接的，谁就应该支付教育经费。获得的好处和利益越多，支付的费用便越多，反之，获得的好处和利益越少，支付的费用便越少。在市场经济条件下，根据利益获得原则，获得利益便应该承担成本，获益越多，分担的成本也应该越多。因而政府、企业与个人在负担教育成本时也应依据各自的收益来决定，不同的群体在负担教育成本时也应依据收益而定。利益获得原则与能力支付原则，二者相互联系，缺一不可。前者是基础，它体现了市场经济的基本原则——等价交换原则；后者是关键，它体现了社会的基本原则——公平原则。②

因此，在我国社会主义市场经济条件下，在教育成果由社会各方共享的情况下，片面强调教育成本由某一方单独补偿，在理论上是站不住脚的，在实践上是有害的。比如，过去我国长期以来由国家包办高等教育，政府几乎是高等教育成本的唯一补偿者，导致我国高等教育经费短缺，发展缓慢，不能满足人民群众日益增长的接受高等教育的需求，就是很好的证明。

---

① 黄文彬．关于高校有偿回收成本的理论研究[D]．武汉：湖北大学，2003.

② 刘兰平．民办高等教育成本分担主体的比较研究[J]．高教探索，2005(1)：30-33.

2.3.4 教育公平理论

教育公平是人类社会孜孜以求的一种古老而朴素的理念。随着全球教育大众化和普及化的推进，教育公平逐渐从一种纯粹的教育理想转化为需要解决的现实问题和需要努力达成的教育目标。教育公平的理念是社会公平价值特别是政治经济领域的公平在教育领域的延伸和体现，具体表现为法律上保障每个公民享受教育权利平等和教育机会均等。1960 年联合国教科文组织大会通过的《取缔教育歧视公约》中，首先回顾了 1948 年《世界人权宣言》对非歧视原则的珍视，认识到成员方有责任禁止任何形式的教育歧视，宣传教育中人人机会均等、待遇均等。《取缔教育歧视公约》第四条要求缔约方提供免费初等义务教育，普及并使人人都能够接受各种形式的中等教育，使人人均有机会按照自己的能力接受高等教育，确保人人遵守法律规定的就学的义务。①

教育公平是指公民能够自由平等地享有当时、当地的公共教育资源。教育公平的概念一般使用瑞典教育家托尔斯顿·胡森提出的理论。该理论包含三方面：起点公平，指受教育者入学机会公平；过程公平，指教育过程中受到平等对待；结果公平，指学生取得学业成功的机会均等。能不能上大学是机会是否平等的问题；接受怎样的高等教育是过程是否平等的问题；接受教育后所获得的收益是教育结果是否公平的问题。高等教育大众化是实现教育公平的有效途径之一。随着我国高等教育大众化的逐步实现，中学毕业生跨入高校的绝对数量也在大幅度增长：1999 年的高校扩招为几十万求学者打开了高等教育的大门；2004 年，我国高等教育的毛入学率已达到 17%，在校学生超过 1900 万；2019 年，全国各类高等教育在学总规模达到 4002 万人，高等教育毛入学率为 51.6%，我国高等教育进入普及化阶段。因此，高等教育大众化和普及化使得越来越多的人对高等教育的渴求得到了满足，使得以前许多只能憧憬接受高等教育的学生，尤其是部分成绩相对落后及家境相对贫困的学生梦想成真。毋庸置疑，高等教育大众化和普及化的实现，在很大程度上保障了公民受教育权的平等，促进了教育公平。但是由于我国区域经济发展不平衡、城乡二元制和社

---

① 杨昌锐．教育成本分担模式的理论与实证研究[D]．北京：中国地质大学，2013.

会分配不公造成的地域差距、城乡差距和贫富差距长期存在，许多家庭经济困难学生获得高等教育的机会无法得到保障，这与教育公平原则是相违背的。教育经济学一般从三方面衡量社会公平，即公共教育资源在全体社会成员中的分布状况、社会成员收入分配结构中的公平性、高等教育机会在不同社会群体中分配的均等性。第一，实行高等教育成本分担有利于促进公共教育资源在全体社会成员中的公平配置。由于中高收入家庭子女获得高等教育的机会大于低收入家庭的，政府对高等教育的经费补贴意味着拨款更多地从贫困纳税人家庭向富裕纳税人家庭转移。政府对高等教育补贴程度越高，财富转移得越多，公共高等教育资源向高收入家庭倾斜的程度也越高。[①] 第二，实行高等教育成本分担促进社会成员收入分配的公平。实行高等教育成本分担有利于扩大高等教育规模，扩大接受高等教育的群体，提高就业者和潜在就业者的学历水平和专业化程度。高等教育在缩小收入差距、减少代际贫困传递方面功不可没。第三，实行高等教育成本分担有利于增加高等教育机会。政府提供的高等教育资源有限，社会各界分担高等教育成本，有利于提供更多的高等教育机会，从而实现高等教育公平。

2.4 高等教育成本分担理论在我国的适应性

约翰斯通的高等教育成本分担理论适时出台，影响了世界各国的高等教育财政政策，使人们对高等教育的经费来源及支出有了更深刻的认识。

在这种国际背景下，20 世纪 90 年代，我国学者对中国特色社会主义条件下的高等教育成本分担展开了热烈的讨论。学者们普遍认为，在我国高等教育成本中实行个人补偿是必然的。在该理论的影响下，20 世纪 90 年代以来我国高等教育收费大幅度上涨。

实施高等教育成本分担虽然在理论上可以促进高等教育机会的社会公平，有利于教育财政的公平，有利于提高教育资源的利用效率，但我们也必须正视这样一个问题，我国正处于经济转型时期，人均收入差距非常大，我国的经济

① 孙羽迪．我国高等教育成本分担及国际比较[D]．北京：北京工业大学，2008.

状况、社会法律、社会对教育的投资意向等都与美国有很大的差异，在引进美国的高等教育成本分担理论时应充分结合我国的实际情况。低收入家庭对高等教育学费增加的敏感程度要远大于高收入家庭，所以必须考虑他们的承受能力；有关促进高等教育成本分担的法律法规不是很健全，如社会捐赠、民间办学、企业负担成本等方面的法规尚不完善，很难使这些群体像发达国家的群体一样负担起高等教育成本。各个主体在高等教育方面的收益率很难精确计算，因而承担高等教育成本的比例应该尽量符合能力支付原则。以下从成本分担的几个主体探讨高等教育成本分担理论在我国的适应性。

1. 政府、纳税人

表 2-2 为一些国家的财政收入占 GDP 比重(不含社会保障税)，表 2-3 为我国财政收入占 GDP 比重变化表。我国财政收入占 GDP 比重变化情况显示，自 1979 年到 1995 年，其基本呈下降之势，1995 年以后才又呈上升之势，但上升得比较慢，到 2005 年为 16.9%，还未达到 1987 年的水平，2014 年达到 21.8%。据世界银行对一些国家和地区的资料统计，国家财政收入占国内生产总值的比重由 1979 年的 34.2%增至 1989 年的 42.0%，其中发达国家由 1979 年的 42.8%增至 1989 年的 48.7%，发展中国家由 25.5%增至 35.3%。另外，财政收入占 GDP 的比重与 GDP 呈正相关关系，人均 GDP 为 20000 美元以上的国家，一般为 40.0%～60.0%，人均 GDP 为 3000～10000 美元的国家为 30.0%～40.0%，人均 GDP 为 3000 美元以下的国家为 20.0%～30.0%[①]。近些年来，绝大多数国家财政都达到了一定规模，而西方市场经济国家的财政收入规模明显大于其他国家。随着市场经济的发展，产生了由政府作为整个社会的代表，通过一系列公共政策对社会的生产和再生产过程实行调节，对经济生活中的某些方面加以指导、纠正和补充，保证经济机制顺利运行。

① 高丽峰. 论我国财政收入规模[D]. 南宁：广西大学，1999.

表 2-2 一些国家的财政收入占 GDP 比重(不含社会保障税)[①] 单位：%

国家	比重	国家	比重	国家	比重
美国	23.7	意大利	33.0	马来西亚	31.9
德国	30.6	日本	24.0	印度	22.2
英国	33.9	瑞典	12.7	印尼	19.4
法国	29.1	韩国	18.5	泰国	19.2
加拿大	37.9	新加坡	32.8	菲律宾	20.3

注：瑞典为 1993 年数据；韩国、新加坡为 1991 年数据；其余均为 1992 年数据。

表 2-3 我国财政收入占 GDP 比重变化表 单位：%

年份	1979	1980	1981	1982	1983	1984	1985	1986	1987
财政收入占 GDP 比重	28.0	25.3	23.8	22.6	22.7	22.6	22.0	20.5	18.1
年份	1988	1989	1990	1991	1992	1993	1994	1995	1996
财政收入占 GDP 比重	15.5	15.5	15.6	14.3	12.8	12.2	10.7	10.2	10.3
年份	1997	1998	1999	2000	2001	2002	2003	2004	2005
财政收入占 GDP 比重	10.9	11.6	12.6	13.4	14.8	15.5	15.8	16.3	16.9
年份	2006	2007	2008	2009	2010	2011	2012	2013	2014
财政收入占 GDP 比重	17.7	19.0	19.2	19.7	20.2	21.3	21.8	21.8	21.8
年份	2015	2016	2017	2018	2019				
财政收入占 GDP 比重	22.1	21.4	20.7	19.9	19.2				

资料来源：2019 年《中国财政年鉴》。

我国的高等教育拨款占 GDP 的比例不高，居于世界较低水平。我国政府高等教育支出占 GDP 的比例低于美国、澳大利亚，略高于日本(表 2-4)[②]。由此可见，我国高等教育支出水平总体来说并不低，但政府财政中高等教育支出比重却相对较低。我国高等教育政府负担份额偏低，同时高等教育社会筹资能力有限的现状，决定了高等教育个人负担比例过高，而这一较高的学费水平

① 高丽峰．论我国财政收入规模[D]．南宁：广西大学，1999.

② 李建军．我国高等教育成本分担分析[EB/OL]．[2006-04-11]．http：//www.jjxj.com.cn/news_detail.jsp? keyno=5301.

是在 1997 年高校全面实行并轨，全面实行高等教育收费制度的短短四五年的时间实现的。

表 2-4　各国高等教育支出占 GDP 的比例　　单位：%

项目	美国	英国	日本	澳大利亚	中国
高等教育支出占 GDP 比例	2.7	1.0	1.1	1.6	1.3
政府高等教育支出占 GDP 比例	0.9	0.7	0.5	0.9	0.7

注：美国、英国、日本、澳大利亚四国的数据为 2000 年数据；中国为 2001 年数据。

我国政府财政性高等教育经费较低，这与我国财政收入占 GDP 的比例很低有直接关系。我国是社会主义国家，政府是人民利益的代表，应该充分利用国家机构调节人们的收入差距，政府对高等教育的投资只能增不能减，在高等教育成本分担中，政府应始终担任主角。在我国目前的财政收入和经济发展水平上，提高国家税收是加大国家财政对高等教育的投入的一个最重要的办法。

2. 学生及学生家长

从 1994 年到 2000 年，各年普通高等学校平均学费依次为 800 元、1200 元、1400 元、2000 元、3200 元、3500 元、4500 元，2000 年比 1994 年上涨了约 4.6 倍。随着学费水平的提高，学费占高校经常性支出的比重不断上升，从 1993 年的 12.1%升到 1999 年的 23.4%，2000 年和 2001 年则分别达到 27.7%和 31.4%，与国际上公立高等教育的平均水平（25%左右）相比，已经处于一个相对高的水平。现阶段，我国高校学费占人均收入比重分别高达 80.0%（城镇居民）和 200.0%（农村居民），而美国、日本、德国、韩国等国家的高校学费仅占人均国民收入的 20.0%。①

同时，我国高校的配套资助制度还不完善，这给许多中低收入学生家庭带来了沉重负担，出现了贫困大学生群体，也出现了个别学生因交不起学费而放弃求学的情况。

① 王尧基．关于高等教育成本的分担与中国国情[J]．复旦教育论坛，2004，2(2)：29-30.

我国学生和学生家长承担的高等教育成本的份额既超过了国际标准，也超过了学生和家长的承受能力，此时用提高学费来分担高等教育成本的方式已经不太合理。收取学费的初始目的是公平，受益者应该分担部分成本，但过高的学费会在一定程度上影响教育公平。

由于我国劳动力资源丰富，大学生勤工助学、利用假期兼职的机会很少，且收入很低；我国大学生资助政策尚不完善，学生获得贷款的难度也相对较大。因此，学生负担学费的能力很低。在一些发达国家，学生和家长可以看成两个主体，而在我国，一般情况下，学生及其家长只能看成一个分担教育成本的主体。

因而，在借鉴美国高等教育成本分担理论时，不应该只看学生及家长承担的学费数额，也不能简单地借鉴美国的学费所占高等教育成本的比例，而应该根据国民经济情况以及学生和家庭的支付能力来制定学费政策。从支付能力来看，国际上规定的学费水平(25.0%左右)在我国也远远超过了一般家庭的支付能力。

3. 企业

至今，我国对企业所得的分配已做了很大的改革：1980 年以前，企业利润全部上缴给国家；1980 年以后，实行利税改革，企业利润中的 55.0%上缴国家，其余部分按国家有关规定使用；到 1993 年颁布新税制，企业只要上缴所创利润的 33.0%，可以留利 67.0%，根据需要自行决定使用[①]。因此，企业具有很强的经济能力。同时，企业是高等教育成果的主要享用者。企业可通过吸收大量受过高等教育的人才、大量应用高校专利成果等方式来实施技术改造和科技创新，从而降低企业成本，提高生产效率，增加企业利润，壮大经济实力。但我国仍存在以下几个问题：首先，由于高校扩招，大学毕业生多，大学生就业难度大，现在我国企业一般不再承担员工的培养和培训费用；其次，我国尚没有关于企业在雇佣大学生时要负担高等教育成本的法律和法规，如大学生税等，企业在雇佣大学生时不用给高校或国家支付费用；再次，企业在投资建立民办高校时，大部分是出于盈利目的，尽管国家规定民办高等教育不能以

① 刘兰平．教育捐资集资探析[EB/OL]．[2006-04-12]．http：//www.edu.cn/20011011/3004499.shtml.

营利为目的。基于以上原因，在没有利益驱动或法律规定下，让企业承担部分高等教育成本是不现实的。

4. 社会捐赠

近十年来，我国许多高校开始重视社会捐赠，相继成立了接受、管理和监督社会捐赠的机构，吸引企事业组织、社会团体和个人的捐赠。但从整体上说，我国高校接受的社会捐赠与发达国家相比，其差距是巨大的，这种差距不仅表现在捐赠数量和规模上，而且表现在捐赠形式上；不仅表现在捐赠范围上，更表现在捐赠工作的规范化上；不仅表现在社会各界对高校捐赠的认识上，更表现在政府支持和引导政策上。另外，教育捐赠面临的道德困惑，如捐赠的动机、捐赠双方的诚信问题等，也是需要我们深思的问题①。美国社会对高等教育的捐赠历史和美国大学的历史一样悠久，而我国还只是处于起步阶段；同时，由于捐赠是自愿行为，政府只能采取措施，鼓励个人、企业或机构团体捐赠，而不能采取强制措施，要让人们乐于捐赠还需要很长时间，因而，我国目前还不能对捐赠在高等教育成本分担中的作用给予太大期望。捐赠只能看成高等教育成本分担的补充，而不是主体。

综上所述，我国现阶段高等教育成本分担模式应该是一个以政府分担为主、以受教育者家庭分担为辅、受教育者个人以及用人单位和社会各界捐赠分担为补充的模式。

---

①　房玥婷，李道新，张文．合理推进成本分担，拓宽高等教育经费筹措渠道——谈我国高等教育投资筹措体系中的个人成本分担和社会捐赠[J]．连云港职业技术学院学报，2005，18(1)：76.

第3章 国外高等教育成本分担模式及启示

3.1 美国高等教育成本分担模式及其启示

3.1.1 美国高等教育成本分担概况

1. 美国高等教育发展状况

美国是一个经济发达、高等教育规模庞大、体系完整的国家。美国高等教育的发展进程，也是世界高等教育发展进程的缩影，对其他国家有借鉴和学习的意义。按照美国教育社会学家马丁·特罗的说法，美国分别用两个三十多年，从1911年到1941年，从1941年到1970年，成为世界上第一个进入高等教育大众化与普及化阶段的国家；1996年，高等教育毛入学率达到80.9%[①]。

美国高等教育独占世界鳌头，这一世界领先地位根源于世界领先的高等教育投资。如1995—1996年度全美高等教育的经费为1979.7亿美元，居世界第一位[②]。

① 张振助，吴晓郁，董业军，等．高等教育大发展的国际经验及启示[J]．外国教育研究，2003，30(4)：35-36.

② U. S. Department of Education National Center for Education Statistics. Digest of Education[EB/OL]. http：//www. ed. gov.

2. 美国20世纪80年代以后高等教育成本分担状况

20世纪70年代全球性的经济危机，使美国减少了对高等教育的财政投入，高等学校积极地采取多种渠道筹集经费。20世纪80年代美国学者提出的高等教育成本分担理论，给美国高等教育机构多渠道筹集资金以理论支持和解释。本书在研究美国高等教育成本分担状况时，选用20世纪80年代以后作为研究时段。

1)高教经费分担主体：经费来源多元化

美国的高等教育管理体制是分散型的，高等教育的管理和决策权不在中央政府，而在地方政府及其他社会集团手中。高等教育的资源配置以市场竞争机制为主，呈现出极大的市场化特征。分散的高等教育管理体制决定了高等教育财政体制的多元化。

美国多元化筹措高等教育经费的模式被西方国家称为典型模式。众所周知，美国是世界上高等教育最发达的国家，而经费来源的多元化是美国高等教育居世界榜首的重要原因之一。美国大学的经费分担主体主要有以下四个方面：

(1)政府资助与拨款

政府资助与拨款包括联邦、州、地方三级政府对高等教育的资助与拨款。联邦政府的资助与拨款由拨款、贷款与合同款、研究与发展中心的资助三部分组成①。

联邦政府的拨款大部分流向了公立高等教育，而贷款与合同款的流向则较均衡。但联邦政府的研究与发展中心的资助方式不同于拨款。联邦政府的研究经费不是为了维持学校运营，而是为了取得研究成果。因此，那些拥有高水平学科和科研人员的私立高等教育机构有机会去获取更多的研究经费。

州政府的资助与拨款包括拨款、贷款与合同款两部分。美国公立高校的主要形式是州立大学，其办学原则是取之于本州，用之于本州，所以，州政府也就成为此类大学经费的主要承担者。州政府的拨款是美国公立大学重要的、稳定的经费来源。私立高校的服务范围不限于本州，因而州政府也没有义务向其提供很多的教育经费。但州政府的贷款与合同款却是相对均衡地分配给公立和

① 徐梅．谈高等教育经费筹措和投资体制改革[J]．中国地质教育，1996(1)：12.

私立高校。

地方政府的资助与拨款则主要用于中、小学教育，用于高等教育的经费不多，但对社区学院来说，这是其教育费用的主要来源。

(2)美国高校学费

多年实践的结果表明，美国过去几乎免费的高等教育并没有实现教育机会均等，最大的受益者仍是那些高收入家庭。而且，不收学费或学费过低，使部分大学生不珍惜接受高等教育的机会，导致高等教育资源的巨大浪费，不利于高等教育的良性发展。因此，对于美国，无论是公立高校还是私立高校，都在提高学费，且近年来呈大幅度上涨趋势。学费是美国高校资金的重要来源之一。

(3)销售与服务收入

销售与服务收入包括教育活动收入、辅助企业收入和科研收入三部分。招收外国留学生是其中一个非常重要的教育创收活动。随着世界各国到美国留学人数的剧增，招收外国留学生也成为美国高等学校缓解办学经费紧张的一个重要举措。

利用科研专利筹措办学经费。为缓解联邦政府提供的教育经费不足问题，美国高等学校利用科研专利筹措资金，正在成为一种普遍现象。

校企合作获取资金。比利用科研专利筹措资金更进一步的做法是，通过校企合作解决经费不足的问题。美国政府科技政策的引导与倾斜对美国大学开展产学研合作起着重要的推动作用。由于经济的持续增长，一些企业深受科技和教育之益，其投资教育的热情大增。许多高校的实验室和产业界合作，直接从事产品的开发与生产，以寻求较高的利润。它不仅比转让科研专利获得的经济收入多，还锻炼了大学的科研队伍，促进了学校的教学和科研发展。利用转让科研专利和通过校企合作这两种方式筹措的高等教育经费，约占美国高等教育经费的21.0%①。

(4)捐赠

在美国，对高等教育捐赠的历史与美国大学的历史一样悠久。耶鲁大学、斯坦福大学、哈佛大学和康奈尔大学等都是私人捐赠的著名高校。捐赠收入是

---

① 美国多元化筹措高等教育经费[EB/OL].[2006-04-14].http://www.chinasport2008.com/html/content/2005/0721/173503268.shtml.

美国高等教育的一个重要经费来源，对私立高等学校来说更是如此。近年来，美国高校捐赠的特点集中表现为措施规范、范围广阔、形式多样、政府支持。捐赠收入包括私人、企业、团体和慈善机构等的捐款。高等学校接受各方的捐赠，是美国高等教育资金来源的重要特点之一。

除了上述四种主要的经费来源外，政府还对高校给予了免税政策支持，免征了高校的税收，包括私立院校的资产税、营业税和捐赠收入税。这一政策，使高校节省了一大笔开支。在美国，无论是公立还是私立大学，均设有各种类型的大学基金，其使用原则是"本金不动，仅用收益"。这一使用原则，使得大学基金成为美国高校长期稳定的资金来源。美国政府部门、企业、团体和个人等建立了种类繁多的基金会，较著名的有"国家科学基金会""福特基金会""卡内基教学促进基金会"等，这些基金会的建立有力地支持了美国高等教育的发展①。

2)美国高等教育经费来源结构

由表 3-1~表 3-3 可知：

(1)美国政府对高等教育的投资和资助金额占高等教育总经费的比例在不断下降，从 1979—1980 学年的 49.3%下降到 1994—1995 学年的 38.4%，地方政府对高等教育的投资在高等教育总经费中所占比例不大，变化也不大。政府财政投资依然是高等教育最重要的经费来源。学费占高等教育总经费的比例由 1979—1980 学年的 20.4%上涨到 1994—1995 学年的 27.2%，学费收入虽然低于政府财政投资，但美国高等学校对学费的依赖越来越大了(表 3-1)。

(2)在美国二元化的高等教育机构中，公立学校和私立学校的经费来源有很大差异。公立高等学校经费 50.0%以上都由政府(特别是州政府)提供。政府财政对私立高等学校的投资一般都在 20%以下，20 世纪 90 年代政府财政对私立高等学校的投资在 17%左右。无论是公立高等学校还是私立高等学校，政府投资所占比例都在下降。

---

① 宋秋蓉. 当今世界高等教育经费来源多元化趋势[J]. 教育与经济，2003(3)：47-48.

表 3-1 美国高等教育经费来源 单位：%

学年	政府支出				学费	其他	合计
	联邦	州	地方	小计			
1979—1980	15.2	31.4	2.7	49.3	20.4	30.3	100.0
1984—1985	12.4	29.8	2.6	44.8	23.0	32.2	100.0
1989—1990	12.4	27.5	2.6	42.5	24.3	33.2	100.0
1994—1995	12.3	23.4	2.7	38.4	27.2	34.4	100.0

资料来源：美国教育部《教育统计摘要 1997》。

表 3-2 美国高等学校收入来源结构 单位：%

经费来源	公立高等学校		私立高等学校	
	1980—1981 学年	1985—1986 学年	1980—1981 学年	1985—1986 学年
学费	12.9	14.5	42.6	39.6
政府拨款	62.2	59.1	18.3	19.2
其中：联邦政府	12.8	10.5	10.3	15.9
州政府	45.6	45.0	4.3	2.6
地方政府	3.8	3.6	3.7	0.7
捐赠收入	3.0	3.8	13.8	14.0
其中：私立奖学金	2.5	3.2	8.8	8.7
捐赠基金	0.5	0.6	5.0	5.3
销售和服务收入	19.6	20.0	22.7	22.6
其中：教学收入	2.2	2.5	2.8	—
附属企业	10.7	10.3	9.5	—
医院	6.7	7.2	10.4	—
其他	2.4	2.6	2.6	4.6
总计	100.0	100.0	100.0	100.0

资料来源：美国教育部国家教育统计中心，《美国教育统计摘要 1997》。

表 3-3　美国高等教育经费来源与构成①　　单位：%

经费来源	公立高等教育				私立高等教育			
	1992—1993 学年	1993—1994 学年	1994—1995 学年	1995—1996 学年	1992—1993 学年	1993—1994 学年	1994—1995 学年	1995—1996 学年
政府拨款	50.9	51.0	51.1	51.0	17.3	17.1	17.1	16.5
其中：联邦政府	11.0	11.0	11.1	—	14.5	14.4	14.4	—
州政府	35.9	36.0	35.9	—	2.1	2.1	2.1	—
地方政府	4.0	4.0	4.1	—	0.7	0.6	0.6	—
学费	18.4	18.4	18.4	18.8	39.6	42.0	42.4	43.0
销售和服务收入	23.4	22.8	23.1	22.2	23.2	22.2	22.2	21.0
捐赠收入（包括教育基金）	4.6	4.6	0.6	4.7	13.2	13.5	13.6	14.4
其他收入	2.7	3.2	6.8	3.3	6.7	5.2	4.7	5.1

(3)在市场化和高等教育大众化的影响下，美国无论私立高等学校还是公立高等学校均存在资金来源多元化的趋势，学费、销售和服务收入、捐赠收入等非公共资金已经成为美国高校经费来源的重要组成部分，但这些收入在公立和私立高校中所占比例有很大差异。公立、私立大学在学费收入方面有很大差异：公立学校的学费虽逐渐上涨，但在美国高等教育总经费中所占比例都低于20.0%；20世纪90年代以后私立学校的学费在美国高等教育总经费中所占比例大都在40.0%左右，1992—1993学年为39.6%，1995—1996学年为43.0%，学费是私立高等学校经费收入的主要来源。在捐赠收入方面，公立学校远远少于私立学校，公立学校一般在5.0%以下，私立院校在13.0%到15.0%之间。在捐赠收入中，校友的捐赠占30.0%，私立大学学术水平高，毕业生收入一

① 刘向东，张伟，陈英霞．欧美高等教育机构经费来源及其启示[J]．高等教育研究，2005，26(5)：98.

般都很高，因而捐赠多，再加上美国社会和企业的捐赠一般是给形象好、学术水平高的学校，在美国这类学校一般是私立学校，所以私立学校接受的捐赠远远高于公立学校。在销售和服务收入方面，公立、私立大学没有明显差别，收入所占比例一般在 22.0%左右。

3.1.2 美国高等教育成本分担模式对我国的启示

美国高等教育成本分担模式代表了世界各国高等教育财政的发展趋势，也是我国要努力实现的目标。以下美国高等教育成本分担的模式值得我们学习。

1. 高等教育经费筹措多元化

美国高等教育成本分担模式最大的特点在于它的形式多样化、主体多元化。从形式上讲，其采用的成本补偿模式几乎囊括了前面提到的所有已知的成本补偿形式，并且即使从其中某一种具体补偿形式来看，其措施也不尽相同。如美国联邦政府提供的贷款就有五种之多。从金额所占比例来看，美国高校各项收入都占有一定比例。

高等教育是准公共事业，我国正处于经济飞速发展时期，政府和学校要积极通过多种渠道来筹措经费，促进高等教育的发展，并兼顾公平与效率。

2. 政府财政性教育经费为主

美国政府财政投资额每年都在增加，但在高等教育总经费中所占的比例在下降。政府财政投资依然是美国高校教育经费中最重要的组成部分，尤其是对公立学校。我国是社会主义国家，政府要发挥社会公众利益代表的作用，加大政府财政对高等教育的投入，财政性投资不仅要在经费总额上有所增加，其在高等教育总经费中所占比例也要维持甚至提高。

3. 学费急剧增长，政府对大学生的资助体系很完善

公立学校和私立学校的学费差距很大，私立学校的学费一般都是公立学校的两倍以上。与日本相反，美国私立学校大学生大部分是成绩优异的学生，高等教育经费中的学费收入大部分由成绩优秀的学生及其家长承担。在借鉴国外提高学费的经验时，要考虑我国居民的支付能力和对学生的资助体系，不能盲目采用他国的标准。

4. 高校创收和接受捐赠

美国高校重视发展自身的创收能力，利用教育和科研创收、校企合作以及自办附属企业等方式为高校带来收入，这部分的收入一直稳定在 22.0%左右，是高校的一项非常重要的收入。捐赠也一直是美国的传统。在我国，要努力提高高校自创收入和接受捐赠收入，使这两项收入在高校经费中发挥重要作用。

3.2　日本高等教育成本分担模式及其启示

3.2.1　日本高等教育成本分担概况

1. 日本战后高等教育发展状况

日本在第二次世界大战后经济迅速崛起，成为当时世界上第二大经济体，日本高等教育的迅速发展在其经济崛起中起了举足轻重的作用，同时经济的迅速发展也为高等教育的发展提供了经济基础。

日本的高等教育发展速度非常快，日本是亚洲国家中最早实现高等教育大众化的国家。由表 3-4 可知，日本高等教育发展速度非常快，在 20 世纪 90 年代末已达到大众化水平。

表 3-4　日本高等教育发展状况

年份	大学/所	短期大学/所	学生人数/人	入学率/%
1950	201	149	240021	—
1960	245	280	709878	10. 3
1970	382	479	1669740	23. 6
1980	446	517	2206436	37. 4
1996	576	598	3069946	46. 2

资料来源：[日文]文部省：《学制百二十年史》，1992 年。

2. 日本高等教育成本补偿状况

二战后，日本高等教育发展迅猛并不是政府加大高等教育财政投入的结果，而是私人投资(包括高等教育成本补偿)发挥了至关重要的作用。1993 年日本高等教育开支中公共支出占 GDP 的 0.4%，而私人支出占 0.6%。私人支出与公共支出的比例远高于美国的 12/13，意大利的 1/8，法国的 2/9，加拿大的 2/11，德国的 1/9，在这些发达国家中居首位。

日本高等教育规模的大扩展是通过发展私立高等学校实现的。二战后，日本政府面对人力资源匮乏和财政紧张的两难处境，认识到必须吸引民间资本进入高等教育领域，发展私立大学，以弥补高等教育资源配置的不足。一方面，自 1950 年以来，日本私立高等教育的入学规模得到了迅速的发展。私立高等院校在校生规模在 1955 年为公立高校在校生规模合计的约 1.45 倍，在 2000 年是公立高校在校生规模合计的约 2.8 倍。如果考虑到短期大学等其他形式的高等学校，日本私立高等院校的在校生占到了整个高校在校生人数的 70%~80%。另一方面，日本私立大学成本补偿的比例是非常高的，在 60.0%上下。因此私立高校入学规模和收费水平在相当程度上支持了日本高等教育规模的扩展。正是依靠私立大学的蓬勃发展，日本才得以在短时间内实现了高等教育由精英教育阶段向大众教育阶段和普及教育阶段的飞跃。

1) 日本公立大学的经费来源

日本公立大学作为国家事业机关，作为高等教育质量的保证者和国际基本人力资源需求的满足者，是日本培养政治、经济、文化精英的摇篮。日本公立大学是日本政府重点扶植的对象，筛选严格，学生只要通过严格考试的选拔，就在某种程度上获得了政府的特别补贴——低学费。日本公立大学的经费来源比较单一，一般是政府拨款占 80.0%，学费收入占 10.0%左右，其他占 10.0%。但是从日本公立学校“特别会计收入”(主要是政府的各项财政拨款)占收入总计的比例的变化趋势可以看出，日本公立高校中政府拨款所占的比例有下降的趋势。因此，即使是日本的公立高校，除政府的各项财政拨款外的其他收入，包括学费、入学注册费等在内的各项非财政性收入也在学校收入中有着较大的比重①。

① 丁小浩．中日高等教育成本补偿相关问题的比较研究[J]．中国高等教育，2002(Z2)：33-35.

2) 日本私立大学的经费来源

日本的私立高等院校占日本高校的 80%左右，私立高校的资金筹措是日本高等教育成本分担模式的重点。私立高等院校财政收入主要来源于以下方面：政府资助、学费、事业收入、团体和个人捐赠。

(1) 政府对私立高校的资助

随着私立高等学校数量的增加和学校规模的扩大，私立高等教育经费在全国高等教育经费中所占的比例也相应增加。1940 年，私立高等教育经费在日本高等教育经费总额中的占比为 40.5%。1950 年，因为战争的原因下降至 25.4%，到 1960 年又上升到 42.0%。此后，政府对私立高等学校经费的投入也基本稳定在这一水平。可以说私立高等教育已经成为日本教育投资的一个重点。日本政府从 20 世纪 70 年代开始逐步加大了对私立高等教育的资助份额：1970 年为 132.0 亿日元，2002 年则达到了 3142.5 亿日元。20 世纪 60 年代前，私立高校的经费中，来自国库和地方的补助部分比例较小。1970 年以前，政府对私立高等教育的资助仅限定在政府支持的私立学校，提供长期贷款、资助基建和设备方面的特别支出。到 1970 年，地方政府开始补贴私立大学和其他私立高等教育机构的经常性开支。1980 年，政府对私立高校的经费比例上升到 29.5%，1992 年又开始一种新型的特别补助方式，即对教学、科研有出色贡献的大学研究生院给予研究经费资助，配备专门为研究生服务的教师助手。此外，日本的私学助成基金还为私立学校提供长期的低息贷款，帮助它们更新仪器、设备或满足其他方面的要求。正是日本政府财政资助的一系列政策，使得私立大学迅速走上了发展之路①。

日本《私立学校振兴援助法》的颁布，在法律上规定了国家负有援助私立学校的责任。援助私立高等院校的目的在于提高私立院校的办学条件，减轻私立学校学生经济上的负担，缩小公立高校与私立高校之间的差距，以达到强化私立学校的财政基础的目的。根据《私立学校振兴援助法》的规定，专门成立了负责对私立学校援助发放贷款事务的法人团体——日本私立学校振兴财团。中央政府通过该财团向私立学校拨发财政捐助。

日本大学设置审议会，于 1979 年提出了关于高等教育发展后期五年计划(1981—1986)，建议用公司协助方式设立新的高等教育机构。这种公司协助

① 董丽敏. 中日私立高等教育比较研究[J]. 高教探索，2004(2)：88.

方式是地方政府对新建的私立院校提供全部或部分学校用地和开办费用。实践证明，国家和地方政府对私立高等院校提供必要的财政补贴对私立高等教育的振兴具有十分重要的意义。

(2)日本私立大学学费

日本私立高校的经费来源虽然多样化，但学费仍是其主要收入来源，约占总经费的70.0%。据统计，日本私立高等学校的学费收入，1966年为795.0亿日元，1978年为15205.0亿日元，1991年为23778.0亿日元，均高于私立学校的其他收入。对于基础好、水平高、信誉佳的私立大学来说，其经费来源渠道也更多。这样，学费收入的比例就相对较低，占总经费的45.0%~55.0%，但仍是其主要的经费来源。如庆应义塾大学的学费收入占其总经费比例为37.4%(1990年)，而早稻田大学学费收入占其总经费的比例为66.2%。对学生个人来说，私立大学的学费是公立大学的2倍以上，而私立大学的生均经费还不到公立大学的一半①。如1992年，一个国家公立大学的本科生要交纳44.6万日元的学费，一个地方公立大学的本科生要交纳49.4万日元的学费，一个私立大学的本科生要交纳99.5万日元的学费。随着高校经费的增长，私立大学别无选择，只能通过提高学费来转嫁高等教育成本，因而私立大学的学费占学校总经费的比例呈逐年上升的趋势。

在日本私立高校之间，因其自身条件的差异，收取的学费标准也不相同。一般来说，学校的名气越大，收取的学费就越高，但由于其他项目收入也高，因此，其学费收入占总收入的比例也不算很高。另外，不同学科的学费也有较大的差别，一般医科的大于工科的，工科的又大于文科的，其中的差距为8~10倍和2~3倍不等。

(3)事业收入

日本的文部省以科研补助费的名义向大学提供资助，主要用于基础理论研究和应用科学研究，虽然公立大学优先，但私立大学也有一定的比例。1985年，给予公立大学的研究经费占该年度用于大学的学术研究经费总数的75.8%，而给予私立大学的该项费用，仅占此项经费的6.1%。

根据日本政府咨询机构临时行政调查会的建议，从1983年开始，为振兴私立高等学校的学术研究和信息处理教育，提高私立高校的办学水平，对私立

---

① Hayes L D. Higher Education in Japan[J]. The Social Science Journal, 1997, 34(3): 305-306.

大学、研究生院、私立短期大学和私立高等专科学校购置的大型教学研究设备所需的经费予以相应的补贴。为了促进私立大学学术研究发展，还另设有私立大学研究设备补助金。此外，日本还设立联合研究制度，由企业和大学双方分别提供资金、设备和研究人员，对共同感兴趣的课题进行联合研究，研究成果归双方所有，由研究双方共同申请专利。此举不仅活跃了高校科研活动，还缓解了高校科研经费不足的问题，也能缓解企业之需。在私立大学中，事业创收所占学校总收入的比例相当高。1983 年，私立大学事业创收达到私立大学总收入的 23. 4%。如高校法人与企业联合、私立学校医院和科研单位创收等收入也占私立高校总收入的 11. 0%~14. 0%①。

(4)团体和个人捐赠

接受捐赠和收取学费是各国私立高校的两大主要收入来源。日本私立高等学校捐赠来源主要有：公司捐赠、个人捐赠、校友捐赠等。它主要分为两大类：一类是特别捐赠，即特定用途的捐赠，如土地、设施、设备、奖学金捐赠等；另一类是一般捐赠，即不指定用途的捐赠。

据日本私立高等学校协会统计，1982 年各种捐赠收入占所属高等学校总经费的 7. 1%。另一项统计表明，日本私立高等学校的校外捐赠收入 1966 年为 147. 0 亿日元，1978 年为 1354. 0 亿日元，1991 年为 1242. 0 亿日元。1990—1991 年，早稻田大学和庆应义塾两校的校外捐赠收入分别占其总收入的 2. 8% 和 11. 5%。除了对学校的捐赠外，还有一些非官方团体和基金会向学生提供奖学金和提供助学贷款。日本私立学校在接受捐赠方面与美国不同，美国私立高校接受的捐赠来源广、占学校总经费的比例大；日本私立高校主要是接受校友捐赠，且数额小，由企业集团设立的捐赠基金非常少见②。

3. 2. 2　日本高等教育成本分担模式对我国的启示

日本一直执行的高等教育政策是，将有限的资源集中于公立高等教育部门，以保证学术质量和满足国家的基本需求，而将数量上的扩展留给私立院校。这种将保证高等教育质量的殷切希望主要寄予公立高等教育部门，而将高等教育规模扩大的任务交给私立高等教育部门的方式可以使有限的财政资源相

---

① 谢晖. 高等教育大众化发展历程比较[D]. 上海：上海理工大学，2000.

② Hayes L D. Higher Education in Japan[J]. The Social Science Journal，1997，34(3)：305-306.

对集中使用，而又不会因此限制高等教育总体规模的发展。

日本高等教育成本分担模式的主要特点有：

1. 公立大学经费来源比较单一

在日本，虽然是否受过高等教育不是影响个人的经济收入的重要因素，但是很有名望的大学，确实是通向人生成功的通道，因而有名望的大学的入学要求非常高，竞争非常激烈。日本的公立大学一般学术水平高，政府投资大且非常稳定，学校经费大部分是政府财政投入的资金，学生分担的教育成本比例很低。

2. 公私立高校学费差距悬殊，私立大学学生家庭负担比例大

日本公立、私立大学学费差距由 1985 年的 2.5 倍缩小到 1999 年的 2.0 倍。这和美国的数字相比，并不十分惊人，然而如果考虑日本私立大学就读学生占学生总数的 70.0%甚至 80.0%以上，这意味着大多数成绩平平的学生及其家庭承受着更高的学费，因此从社会角度来看，家庭负担的比例相当大。以日本为例，1990 年公私立大学、短期大学（两年制大学，类似美国的社区学院）合计的家庭对高等教育经费的分担水平已达到 60.0%。

3. 成本补偿形式单一

从成本补偿形式来看，一般只采用延迟付费制中的学生贷款方式。学生贷款通常由准官方机构负责发放与管理，如日本育英奖学金基金会（the Japan Scholarship Society）。贷款形式以商业抵押贷款为主，需要学生毕业后定期定额偿还。贷款分为无息贷款和有息贷款两种。无息贷款是针对在高中以上（含高中）教育机构就读但家庭经济拮据的学生。无息贷款又分为一般贷款和特别贷款两种。特别贷款是针对那些家庭成员因失业、公司倒闭或死亡、生病等因素或火灾、水灾等自然灾害引起了突发性家庭财政危机的学生。1984 年，特别贷款被取消，开始创立有息贷款。有息贷款的对象不包括高中学生，它比第一种无息贷款更注重自由原则。1999 年有息贷款政策发生了很大变化，主要

内容是增加贷款受益人数，放松贷款限制和可供选择的月贷款额[①]。

日本高等教育成本分担模式对我国有一定的借鉴意义：

日本经济发达，国民收入很高，且贫富差距小。日本私立高校多，虽然学费高，但相对于日本居民的支付能力来说，负担并不是很大，同时政府也在一定程度上对私立高校予以财政支持。我国民办高校不多，民办高校学生的学费与普通高校学生的学费相比较，差距也不是很大。政府对民办高校的政策是：民办高校自筹经费，政府不给予经济支持。民办高校自筹经费使民办高校的学术水平很难得到提高。我国政府在支持民办高校方面，可以借鉴日本的经验，政府对民办高校采用特定用途经费投资，帮助民办高校改善基础设施和教学设备，提高民办高校的生存和竞争能力。

日本政府对公立大学的大力支持值得我国学习和借鉴。在我国，政府对公立学校投资很大，并重点扶持一些学术水平高的高校，对地方院校的投资则比较小。但我国政府投资在公立高校中所占比例远远不及日本，我国应该提高政府投资在高校总经费中所占的比例，并要兼顾重点高校和一般高校。

在为大学生提供资助方面，日本所采取的贷款政策的贷款方式和种类也比较多。我国目前的大学生贷款制度还不完善，大学生资助方式主要是奖学金和特困补助等，但奖学金和特困补助并不一定是给了最需要的人。因而要减少奖学金和特困补助的额度，放宽贷款的条件，增加贷款的种类和数额，完善贷款制度，为学生解除学费的困扰。

3.3　印度高等教育成本分担模式及其启示

3.3.1　印度高等教育成本分担概况

英国著名教育学家埃德蒙·金(Edmund King)在选择印度作为教育比较研究对象国时曾这样指出：没有一个国家遇到的问题(包括经济的、社会的、宗教的以至人口的)比印度多。因此，典型的印度人的遭遇，也许最能代表亚洲、非洲和拉丁美洲大部分地方的普通人的情况，印度比其他任何国家都更具

---

① 哈巍．谁来为高等教育付费——高等教育成本补偿的国际比较[J]．教育发展研究，2002(3)：70-71.

有人类的代表性①。同样，纵观印度高等教育发展的特点和问题，也能清楚地看到它在发展中国家高等教育发展中所具有的代表性。

1. 1947 年后印度高等教育发展概况

1947 年后，印度政府十分重视高等教育的发展，教育计划始终被列在国民经济发展计划之中，并通过立法确定全国重点院校，从各方面保证这些院校的优先发展。另外，印度通过大量引进外资，建成了一批世界一流水平的高等学府，向国外派遣了相当数量的留学生，培养了大批专门人才。

印度高等教育迅猛发展，在 20 世纪 60 年代达到高峰。其速度之快，规模之大，在世界上是少见的。据印度人力资源开发部 2002 年教育统计的公报，印度目前有 245 所大学，各大学下属的学院 11089 所，全国共有 741. 8 万名在校大学生。

如表 3-5 所示，印度 1947 年后高等教育的发展是惊人的。在近 50 年的时间里，印度大学数量增长了约 6. 63 倍，学院数增长了约 13 倍，在校生数增长了约 25. 9 倍。在 20 世纪 90 年代中期，印度在校大学生的年均增长率为 5. 0%。美国教育学家阿尔特巴赫(Philip G. Altbach) 在研究印度高等教育时指出，印度独立后高等教育的特征是增长速度快。②

表 3-5 印度高等教育发展概况③

年度	大学数/所	学院数/所	在校生数/万人
1950—1951	30	750	26. 3
1960—1961	49	1537	64. 5
1970—1971	93	3604	195. 2
1980—1981	123	4722	275. 2
1990—1991	177	7346	442. 5
1997—1998	229	10555	707. 8

① 陆兴发，黄志诚. 发展中国家高等教育[M]. 长春：东北师范大学出版社，1997.

② 伯恩，等. 九国高等教育[M]. 上海师范大学外国教育研究室，译. 上海：上海人民出版社，1973：298.

③ 王东，李长友. 看印度高等教育的跨越式发展[J]. 世界教育信息，2004(12)：15-16.

2. 印度高等教育成本分担状况

1) 高等教育财政拨款模式

在印度，中央和地方财政按不同的类别分别对不同的高等教育机构进行拨款，如表 3-6 所示。两级财政互有联系，各有侧重，分别对不同的高校、不同的项目拨款。印度于 1976 年通过关于高等教育由联邦和地方政府共同管理的宪法修正案后，印度高等教育财政经费的主要拨付机构是大学拨款委员会（University Grants Commission，UGC），原则上向所有的高等院校包括中央大学、地方大学以及它们的附属学院提供经费。地方大学和附属学院接受 UGC 的经费资助必须具有配套经费。

表 3-6　印度高等教育拨款程序

主要拨款来源	学校类别
中央财政部—人力资源开发部—UGC	中央大学研究院
地方财政+UGC	达标地方大学
地方财政	其他地方大学
地方财政+社会法人团体资助	各类院校
人力资源开发部	开放大学

高等教育拨款模式是拨款体制中最重要的一环，它决定着经费是否能够合理、及时、顺畅地下拨。在印度，首先由中央财政部将预算内的高等教育经费拨给人力资源开发部，人力资源开发部再将一部分经费拨给 UGC，UGC 重点对中央大学及附属学院以及达到大学档次的研究院大量拨款；对 UGC 认可的地方大学中达到拨款标准的地方大学（农林和医科类除外），则由 UGC 和地方财政联合拨款。UGC 的拨款用于学校的新建、改建和扩建项目，增添设备，更新设施，购买图书期刊等，地方财政拨款用于学校的日常开支。其余的大学由地方财政拨款或社会法人团体资助。同时，UGC 又利用其专业的评估队伍定期对各高校进行评估，以决定是否对高校拨款及拨款的数额。由此可见，UGC 掌控了印度高等教育的主要财权，同时又兼管着事权，这种财权、事权相统一的，集中评估、分别拨付的财政拨款模式，确保款项公平、及时、有

效、足额地到达各高校，有力地促进了高等教育系统的发展，同时也形成了印度本国特色的高等教育财政拨款模式。

印度大学的科研经费主要来自联邦政府的不同部门，除了 UGC 外，还有联邦一级的“印度社会科学研究委员会”“印度医学研究委员会”和“印度农业研究委员会”等，它们分别为印度的社会科学、医学和农业的科研提供经费。这些机构从联邦得到有关的科研经费，以提供科研基金的方法开展所在领域的科研工作。UGC 为除社会科学、医学和农业等以外学科的科研提供研究经费。这种分别对各关键学科科研设立专门拨款机构的拨款模式，有力地保证了各关键学科科研经费的及时拨付，促进了关键学科的发展①。

2)各主体对高等教育成本分担的状况

印度高等教育经费来源大体分为政府投资和非政府投资。政府投资来自中央、联邦和地方政府，非政府投资指学费、家庭教育支出、社会捐赠、高校自筹和国际援助。

(1)大学的经费与对政府的依赖程度有很大关系，一般来说，大学经费的70.0%来自政府(见表 3-7)。由于中央和联邦政府对大学管理范围不同，中央大学和被视为大学的机构主要由大学拨款委员会提供经费，与邦立大学相比，它们获得的经费要多一些，并呈逐年增加的趋势。

表 3-7 印度大学经费来源② 单位:%

年度	中央政府	联邦政府	大学拨款委员会	大学自筹	地方政府	学费	社会捐赠	其他	总计
1976—1977	5.1	48.2	13.9	6.1	1.2	15.0	0.8	9.7	100.0
1977—1978	5.7	46.5	18.3	4.8	2.0	14.0	0.8	7.9	100.0
1978—1979	4.4	47.9	17.7	2.8	0.1	15.9	0.5	10.7	100.0
1979—1980	3.4	47.0	19.8	3.4	0.1	16.5	0.4	9.4	100.0

① 吕炜，王伟同，张妍彦．发展中国家高等教育财政的国际比较[J]．财经问题研究，2004(11)：62.

② 王长纯．印度教育[M]．长春：吉林教育出版社，2000：396.

(2)印度高等教育的经费主要源于中央及联邦政府的投入，地方政府也有少量投入。且中央及联邦政府投入的比例还在逐年提高。

(3)学费所占经费比例不高，并呈逐年下降的趋势，下降幅度比较大，从1950 年的 36.8%下降到 1987 年的 12.6%(表 3-8)。

(4)社会捐赠在大学经费中所占比例非常小，大学自筹经费所占比例也不大，在 5.0%左右。

表 3-8　印度高等教育经费来源结构①　　单位:%

年份	中央及联邦政府	地方政府	学费	其他
1950	49.1	0.3	36.8	13.8
1960	53.1	0.4	34.8	11.7
1970	60.4	0.5	25.4	13.5
1980	72.8		16.4	10.8
1987	75.9		12.6	11.5

在印度的高等教育系统中，私立学校很多，70.0%以上的学院为私立学院，但私人投资、私人管理、不受政府控制的学校却很少。私立学校虽然也收取学费，但学费数额都相当低，基本上是按生均经费的 10.0%收取，绝大部分为接受政府资助的学院，占教育经费支出绝大部分的人员经费均由政府支付，即约 90.0%的经费来自政府的拨款。②

3.3.2　印度高等教育成本分担模式对我国的启示

印度和我国有很多相似之处，人口众多、都是发展中国家、贫富差距大，在发展高等教育方面，也有很多相似之处，有很多地方值得借鉴。

---

① 吕炜，王伟同，张妍彦．发展中国家高等教育财政的国际比较[J]．财经问题研究，2004(11)：64.

② 陆兴发，黄志诚．发展中国家高等教育[M]．长春：东北师范大学出版社，1997：209.

1. 印度高等教育经费的拨款机制

在印度，中央和地方财政按不同的类别分别对不同的高等教育机构进行拨款，两级财政各有侧重，分别对不同的高校、不同的项目拨款。印度有一个专门的高等教育财政经费拨付机构——大学拨款委员会(UGC)，向所有的高等院校包括中央大学、地方大学以及它们的附属学院提供经费。地方大学和附属学院接受 UGC 的经费资助还必须具有配套经费，这就促使了地方政府对这类高校拨款。

大学拨款委员会作为政府部门的延伸机构，与政府部门联系密切，明确政府教育政策及发展目标，能够正确地运用经费手段贯彻政府教育意图。政府通过专业机构的评估，决定是否对高等学校发放拨款及拨款的数额。发展中国家高等教育经费比发达国家紧缺，这种高效、合理的拨款体制可以使有限的高等教育资金及时、顺畅地拨到最需要的领域，在一定程度上保证了拨款的公正性、公平性和公开性，从而有力地促进高等教育事业的快速发展。

2. 政府拨款占主导地位

印度的高等教育经费虽然也是多元化筹措，主要有政府财政支出、学生学费、社会捐赠、高等院校的自筹资金和国际援助。从印度近年来高等教育经费来源的比例可以看出，印度的高等教育经费主要还是来自中央和联邦政府的投资，大学经费一般有 70.0%来自政府拨款，且中央及联邦政府投入的比例还在逐年提高。这种政府拨款占主导地位的财政模式，一方面给中央财政造成巨大压力，另一方面对印度高等教育规模的继续扩展有一定影响。但在发展中国家，在国民收入比较低、贫富差距极大的状况下，用政府财政手段来保证高等教育经费来源的稳定性，低学费可以减轻学生及其家庭负担，促进教育公平，这是发展中国家大力发展高等教育的很好的途径；也可以减轻高校的经济压力，使高校专注于学术，而不需要为了筹集资金而忽视学术水平的提高。

3. 加大多元化筹资力度

印度高等教育经费主要来自政府，学费、社会捐赠、高等院校的自筹资金等其他来源的经费很少。这种比较单一的模式有其优点，但也有缺点。单一的经费来源，使高校经费严重短缺，也不利于扩大教育规模。低学费使得很多学生不珍惜学习机会；高校无须自筹资金，有利于高校关注学术，但由于现在大学与社会完全融合，高校在很大程度上要为社会服务、科研成果要应用到社会中去，因而让高校自筹一部分资金，有利于提高高校的学术水平、高校教师及学生的科研能力。尽管印度政府对高校的大力投资值得我们借鉴，但同时我们也应该积极地采取措施，加大多元化筹资力度，缓解高等教育经费紧缺的问题。

第4章

1949年后我国高等教育成本分担模式发展历程

1949年以后，在中国共产党和人民政府的领导下，我国高等教育事业在艰难曲折中不断发展，取得了巨大成就，为我国社会主义现代化建设做出了重大贡献。与此同时，高等教育经费投入总量不断增加，为高等教育事业的发展提供了有力的经济保障。

20世纪90年代后，我国高等教育急速扩张，高等教育经费严重短缺。为解决经费短缺问题，采取了如下措施：尝试高等教育收费，逐步提高学费；引导社会各界对高等学校进行捐赠；鼓励学校进行创收；合理优化高等教育拨款制度；完善学生贷款和国家奖助学金制度，逐步形成高等教育成本分担和补偿的多元化格局。

当前高等教育发展的主要矛盾集中在：如何充分应用行政配置和市场配置两种手段，扩大教育资金来源和充分利用现有资源，建立符合社会主义市场经济体制以及公共财政体制的规范拨款政策和成本分担机制，以满足人们对高等教育不断增长的需要。

本章把我国从1949年到现在的高等教育成本分担状况分成四个阶段：①1949—1984年。这段时间我国的高等教育都是由政府承担一切费用，学校几乎不向学生收取任何费用，也少有捐赠。②1985—1997年。1985年我国开始了高等教育收费的尝试，到1997年高等教育收费全面“并轨”。③1998—2002年。我国高等学校全面并轨后，我国高等教育全面实行收费制度。这段时间高等教育数量和规模飞速增长，2002年高等教育进入大众化阶段，高等教育的学费持续上涨，高校事业收入、社会团体和个人捐赠也占一定份额，我国高等教育经费来源多元化结构的格局已经初步形成。④2003 年至今。高等教育成本分担多元化格局形成，高等教育成本分担的政策文件逐步完善，特别是提高政府财政性拨款，稳定学费标准、学生贷款与国家奖助学金方面的文件不断完善。

4.1　1949—1984 年高等教育成本分担模式

4.1.1　1949—1984 年高等教育成本分担状况

1. 1949—1984 年我国高等教育发展状况

1949—1984 年是我国高等教育事业的恢复时期，其高等教育规模总趋势是发展的。

从表 4-1 可以看出，1949 年，我国普通高等学校只有 205 所，在校生数约 11. 7 万人，高等教育毛入学率仅有 0. 3%。1949—1957 年，我国开始实施第一个五年计划，教育事业纳入了计划发展的轨道。根据“有计划、按比例发展”的要求，政府对高等教育事业统筹安排，高教规模迅速扩大，从 1949 年招生 3. 1 万人增长到 1957 年的 10. 6 万人，年均增长率高达 16. 6%，在校生数从约 11. 7 万人增长到约 44. 1 万人。1952 年，教育部根据“以培养工业建设人才和师资为重点，发展专门学院，整顿和加强综合大学”的方针，在全国范围内进行院系调整，1952 年，全国普通高等学校数为 201 所，比 1949 年减少了 4 所，经过几年的努力，到 1957 年，学校数量达到了 229 所。

1958 年开展了所谓的“教育革命”。1958 年 9 月，中共中央和国务院提出了大力发展高等教育的奋斗目标。这使高校招生数猛增至 26. 5 万人，1960 年更是达到 32. 3 万人的高峰。

随着党的十一届三中全会召开，国家的发展开始步入正轨。1977 年恢复高考，当年招生 27. 3 万人，1982 年为 31. 5 万人。

1983 年国务院批准了《关于加速发展高等教育的报告》，提出要尽可能持续和稳定地加速高等教育的发展。我国高等教育的规模因此再次扩大。1983

年当年招生人数即增长 24.0%，到 1985 年招生达 61.9 万人[①]。1984 年全国普通高等学校数量达到 902 所，在校生数约 139.6 万人。

表 4-1 1949—1984 年我国的普通高校数和在校生数[②]

年份	普通高校数/所	普通高校在校生数/人
1949	205	116504
1952	201	191147
1957	229	441181
1962	610	947166
1965	434	685314
1978	598	856322
1980	675	1143712
1981	704	1279472
1982	715	1153954
1983	805	1206823
1984	902	1395656

2. 高等教育经费来源

1949 年中华人民共和国成立，我国的高等教育是在很低水平上起步的。当时的经济体制是中央集权的计划经济，高等教育体制与经济体制是密切相关的。在计划经济条件下，政府首先制订国家的社会经济发展计划，然后根据计划来确定人才需求，政府的计划部门据此制订高等教育事业发展计划和高等院校的招生计划，财政部门根据招生计划的定额确定高等教育的拨款计划，国家再制订高等院校毕业生分配计划，最后，用人单位根据国家计划接收分配的学生。因此，高等教育全部由国家包办。高等教育招生培养制度是“统招、统分、免费入学、毕业分配”，教育经费全部由政府财政负担。

---

① 张伟，张兴，宋莉．我国高等教育发展阶段定位问题研究[J]．未来与发展，2000(2)：53-57.

② 方惠坚，范德清．中国高等教育的改革与发展[M]．北京：清华大学出版社，2001：12.

高等学校就读的学生不仅不要交纳学费，还享受较为丰厚的助学金，其数额足以支付生活费和其他学习费用，并享受免费医疗服务。与此相适应的是，对大学毕业生实行低工资制，即缩小体力劳动与脑力劳动之间劳动报酬的差别，大学毕业生接受高等教育获得的个人利益是有限的。

这一时期的工资水平也非常低，在这种低收入状况下，高等教育费用已经作为一种社会扣除，被排除在工资收入以外。大多数居民的收入不包括或极少包括子女接受高等教育的费用，也不具备支付高等教育费用的经济能力。另外，大学毕业后的定级工资，并不比未上大学的同龄人高，而且因为就业晚，总收入可能低于同龄人。知识分子聚集的科教文卫部门的工资，长期以来远远低于制造部门和政府机关等，而仅高于农业和商业服务业。到 20 世纪 80 年代，这种现象进一步演进，还曾出现了严重的脑体倒挂现象。上大学的低投入与就业后的低收益是相联系的。

这段时间可以分成两个时期：

1）免费上大学加人民助学金时期（1949—1978 年）

从 1949 年正式成立中央人民政府教育部以后，中国开始了对高等学校进行接收、整改、调整，并在解放区建立一批新的高等学校。原有高校按原来的方式收费，新建高校教育经费全部依赖于政府的财政拨款。新建高等学校还实行人民助学金制度。到 1952 年，所有高校收归为公办学校，全部采取免费上大学、政府拨款的方式。1952 年中央人民政府政务院颁布《关于调整全国高等学校及中等学校学生人民助学金的通知》，人民助学金制度从原来的部分新建高校扩展到所有高等学校。当时我国的高等教育体系，采取中央集权制模式，取消私立学校，改私立学校为公立学校，高等学校全部由政府举办，收回办学主权；高等教育所有经费全部依赖于政府的财政拨款。

随着高等教育规模的扩大，政府财政压力越来越大；以及国民经济的复苏，部分学生家庭能够支付学生的全部生活费或者部分生活费；人民助学金制度也引起了社会部分人士的不满。在此背景下，1955 年颁布了《全国高等学校（不包括高等师范学校）一般学生人民助学金实施办法》，一般学生在学习期内，因家庭经济困难无力负担伙食费、学习费用的一部分或全部时，均可向学校申请一般学生人民助学金的补助。伙食补助分为三种：甲种，补助全部伙食费；乙种，补助三分之二伙食费；丙种，补助二分之一伙食费。补助等级根据学生的家庭具体经济情况确定。

1950—1975年，我国每年高等教育经费投入总量分别为：1950年0.56亿元、1955年4.28亿元、1960年13.62亿元、1965年7.41亿元、1970年2.05亿元、1975年10.32亿元[①]。这些年，所有的高等教育经费均由政府投入，没有社会投入、高校自筹经费和学费收入。

自1949年后的近30年，政府投资一直是高等教育经费的主要来源，其他渠道来源的经费很少。政府拨款主要包括：财政预算内的教育事业费拨款、教育基本建设费拨款、各种专项资金用于高等教育的支出、其他预算内资金用于高等教育的支出等。与之相对应的高等教育实行“统包、统分、免费入学、毕业分配”的培养制度。在免费入学的同时，经济困难的家庭还可申请人民助学金。

在计划经济体制下，权力过于集中在政府部门，企业没有多少自主权和经营权，一切均按计划指标行事，其应有的功能并未得到正常和充分的发挥。高等学校也一样，不仅缺乏办学自主权，而且实质上成了政府的从属机构。在与政府的关系上，政事不分，权利与义务不明确使高等学校很难真正面向社会自主办学。在政府权力的重重包围下，企业与高等学校的联系甚少，企业的经营结果、高等教育的办学效果都是直接对政府负责的，企业还谈不上对高等教育事业的直接参与，高等教育也谈不上对企业的直接服务。企业对高等教育的支持是间接的，即企业通过纳税给国家，国家再拨款给高等教育事业；高等教育的职能之一是培养人才，而人才毕业后由国家统一安排到企业工作。这个时期的企业谈不上自主捐赠支持高等教育，只是偶尔有海外华人企业家捐赠。

2)免费教育向收费教育过渡时期(1978—1984年)

1977年恢复高考以来，开始了中国高等教育改革的探索之路，中国的高等教育重新进入了一个蓬勃发展的时期。与世界上其他主要国家相比，中国的高等教育在这一时期的发展速度是最快的。这种巨大的高速发展，主要是因为国家重视高等教育，投入了大量的资金，新建了一大批高等院校，使中国普通高校从1978年的598所增至1984年的902所，在校生数从1978年的约85.6万人激增至1984年的约139.6万人。

---

① 华成刚.1949年以来我国普通高等教育经费投入情况分析[J].教育发展研究，2003(8)：40-44.

1978—1984 年，这一时期，我国在沿袭了计划经济体制的同时，引入了市场经济调节的方式。普通高等学校在国家计划招收的公费生和定向生之外，也开始招收属于市场调节成分的自费生和委培生。1978 年出现了我国普通高等学校招收自费生的雏形，即出现了“收费走读，不包分配”的大学生。1977 年恢复高考后，我国高等教育迎来了第二个春天。1980 年 6 月国家发布的《高等学校建立学校基金和奖励制度试行办法》，批准高等学校建立学校基金制度，学校对基金具有自主支配权。1984 年，《高等学校接受委托培养学生的试行办法》颁布后，普通高等学校开始招收委培生。这些学生的录取标准会比国家任务计划招收的公费生低，但学生自己或其委培单位需要缴纳部分培养费（如学费）。随着招生和收费制度的改革，原来的人民助学金逐步改革为助学金和奖学金。①

1980 年我国高等教育总投入为 34.58 亿元，其中政府投入 32.06 亿元、社会投入 0.24 亿元、自筹经费 2.28 亿元；1985 年我国高等教育总投入为 79.96 亿元，其中政府投入 73.23 亿元、社会投入 0.63 亿元、自筹经费 6.10 亿元。由此可知，从 1978 年到 1985 年，我国高等教育经费中已有少部分来自社会的和高校自筹的经费。这是 1978 年我国普通高等学校开始招收少量自费生，由社会和个人分担部分高等教育成本的开端。

4.1.2　1949—1984 年高等教育成本分担模式的优点及不足

这一时期我国的高等教育由国家计划管理，高等教育机构没有自主权，高等学校的一切事务都由政府决定，在教育经费方面，也是由国家全部负担，政府还以人民助学金的形式负担在校学生的生活费用。此时的教育成本完全由国家承担，还不存在分担的问题。

这种模式适应了我国当时的国情。当时经济水平低，大部分人不具备高等教育经费的承担能力，同时国家也急需人才，这种模式有利于国家调动人才。当然，由于高等教育经费完全由国家负担，再加之当时我国经济水平很低，势必会严重影响高等教育的入学率，使我国的科技人才稀缺，影响经济的快速发展。而此时世界各国，尤其是日本，正在大力发展教育，开发人力资源带动国民经济发展。

---

① 范莉莉．中国高等教育收费制度改革五十年[J]．当代教育论坛，2005(1)：83-85.

免费入学加人民助学金政策的推行，适应了当时经济运行与行政管理上的计划和集中的模式，同时也突出反映了教育在很大程度上为政治服务的价值取向。这一政策在为国家培养科技人才，确保国家建设方面起到了积极作用，但同时也让人们对高等教育本质功能的认识存在误导，将高等教育当成一种纯公共产品来消费，不仅给国家财政带来了巨大的负担，使高等教育缺乏生机与活力，而且根本无法使教育规模与质量达到经济发展对人才的需要，极大地阻碍了经济的发展。

4.2 1985—1997 年高等教育成本分担模式

4.2.1 1985—1997 年高等教育成本分担状况

1. 1985—1997 年我国高等教育发展状况

改革开放后，我国的经济有了很大发展，市场经济体制也逐渐形成，社会对高层次人才的需求不断增长，促使了高等教育的进一步发展。

1983 年，由于政策的持续推动，我国高等教育的规模再次扩大。1983 年当年招生人数即增长 24.0%，到 1985 年招生达 61.9 万人，普通高校在校生数约 170.3 万人，比 1984 年增长了 22.1%，比 1982 年增长了 47.6%。

1985—1997 年这段时间我国高等教育的发展不是靠增加高校数量而是以扩大高校招生人数为主。表 4-2 是 1985—1997 年我国的普通高校数和在校生数发展状况表。

从表 4-2 中可以看出，我国普通高校在校生每年(除了 1990 年和 1991 年以外)都有增长：1985—1988 年每年都增长约 10 万人；1988—1991 年这几年几乎没有增长甚至出现负增长现象；1993 年与 1992 年相比，增长幅度很大；以后几年增长人数都比较稳定。

表 4-2　1985—1997 年我国的普通高校数和在校生数①

年份	普通高校数/所	普通高校在校生数/人
1985	1016	1703115
1986	1054	1879994
1987	1063	1958725
1988	1075	2065923
1989	1075	2082111
1990	1075	2062695
1991	1075	2043662
1992	1053	2184376
1993	1065	2535517
1994	1080	2798639
1995	1054	2906429
1996	1032	3021079
1997	1020	3174362

2. 关于推进高等教育成本分担政策的文件

我国教育体制的改革是为了适应经济体制改革的新要求开展的。1984 年通过的《中共中央关于经济体制改革的决定》提出了有计划的商品经济理论，标志着我国经济体制改革进入了一个新阶段，也对我国的科技、教育等领域提出了新的要求。在高等教育领域，包括办学体制改革、管理体制改革、投资体制改革，以及高校招生、收费和毕业生就业制度改革等。

1985 年 5 月发布的《中共中央关于教育体制改革的决定》指出，高等学校有权在计划外接受委托培养生和招收自费生。委托单位要按议定的合同向学校交纳一定数量的培养费。自费生也应交纳一定数量的培养费。这一举措昭示着我国高等教育放弃了 1949 年以来长期沿用的免费上大学政策，在经费筹措上

① 方惠坚，范德清．中国高等教育的改革与发展[M]．北京：清华大学出版社，2001：13.

打破了单一由国家财政拨款的模式，展现了高校经费来源多元化的生机[①]。在此前后，一些高等学校已经开始了降分录取少量自费生的尝试，逐步推行委托、代培和自费制度。

1989年国家教委等三部委联合发布《关于普通高等学校收取学杂费和住宿费的规定》，从政策上肯定了高等教育应该实行成本分担和成本补偿制度。当年全国大部分高校开始收取每年100~300元学费。

在1992年中央决定实行社会主义市场经济体制以后，我国高等学校开始较大范围地推行招生收费制度改革，自费学生的比例有所增加。在高等学校招生总量中调节性计划(委托培养和自费生计划)所占比例，从原来不足20%(自费生不足5%)上升到1992年的30%。学费水平也逐年提高。1992年6月，国家教委、财政部、国家物价局联合发出《关于进一步改革和完善普通高等学校收费制度的通知》，提出高校收费标准不再由中央统一制定，而交由各省级教育行政主管部门，根据当地情况自行制定。改革的结果是学费标准普遍提高。

1992年9月，国家教委发布了《关于多渠道筹措教育经费改善办学条件的公告》，打破了长期以来教育经费完全由国家包下来的单一化渠道的体制和模式，标志着我国在教育投资体制改革方面的重大突破。所谓多渠道筹措教育经费的体制，就是《中国教育改革和发展纲要》中所提出的，即要逐步建立以国家财政拨款为主，辅之以征收用于教育的税费，收取非义务教育阶段学生学费、校办产业收入、社会捐资集资，以及设立教育基金等多种渠道筹措教育经费的体制，以及要改革投资体制，逐步建立财政拨款为主、多渠道筹措经费的投资体制。高等教育属于非义务教育，学生上大学原则上均应缴费[②]。也就是以"财、税、费、产、社、基"(财政拨款、教育税、学费、校办产业、社会捐赠、基金)为来源渠道的新型教育投资体制。具体到高校来说，就是进一步扩大高校的办学自主权，使高校形成多渠道筹资体制，形成"财、费、科、产、社、基"(财政拨款、学费、科研、校办产业、社会捐赠、基金)为经费来源渠道的新格局[③]。

为了进一步推进高校多渠道筹资体制，从1993年起，国家教委决定在全

---

① 陈晓宇．中国高等教育成本分担：现状与趋势[J]．教育与经济，1998(4)：30-37.

② 中共中央，国务院．中国教育改革和发展纲要(中发[1993]3号)．[1993-02-13].

③ 熊劲峰，张玉柯．21世纪高等教育的改革与发展[M]．保定：河北大学出版社，2000：248-249.

国部分高等学校进行全部学生交纳部分培养费的试点，其收费标准为人均每年 350 元。同年，上海外国语大学和东南大学作为收费并轨试点院校，对当年进入这些学校的新生实行统一收费。此后几年并轨的学校不断增多。虽然这时候收费标准比较低，但招生收费并轨实践从客观上推进了提高我国个人分担高等教育成本的程度。

1994 年全国有 40 多所高校进行了并轨改革的试点，即不再区分国家任务计划和调节性计划，不再招收委托培养生和自费生；同一学校、同一专业在同一地方录取时，根据总的招生计划确定一个分数标准录取新生，新生入学按一个标准交纳学费。同年，国家教委《关于核定委属高校办学收费标准的通知》制定的并轨后的收费标准是除广东、上海地区的试点学校外，均控制在 1000~1500 元，其中学费为 600~1000 元，住宿费一般为 400~500 元①。

1995 年，实行招生收费并轨改革的高校增加到 246 所。经请示国务院批准，国家计委、国家教委发布《关于 1995 年普通高等院校收费标准及有关问题的通知》，规定实行招生收费并轨改革的高校收费标准一般专业每生每年最高不超过 1200 元，个别经济发达、居民收入水平较高的地区可适当上浮，但上浮幅度不得超过 10%。1996 年 2 月，针对部分艺术院校的特殊问题，国家计委对艺术类院校收费标准也进行了规范。根据《中国高等教育体制改革世纪报告》，学费制度在 1997 年完全确立。至此，高等教育投资渠道单一化的局面被打破，呈现了高等教育经费来源多元化的格局，标志着我国高等教育迈进了成本分担的新阶段。

3. 1985—1997 年我国高等教育成本分担状况

1) 政府财政投资情况

国家财政对高等教育投入主要是两个层次的拨款。国家教委所属高等院校和其他部委所属高等院校的经费主要来自中央财政。中华人民共和国财政部根据国家教委和中央其他部委所属的高等教育系统的在校生规模，将一定数额的高等教育经费拨给国家教委和其他各部委，各部委再将此项经费拨给所属各高校。用于地方高等院校的财政拨款主要来自省级财政支出，也有少数地方院校的拨款是由地方财政或县财政支出。1985 年以后高等教育财政拨款实行“综合

---

① 魏德祥．论我国高等教育收费制度改革对公平的影响[D]．北京：北京科技大学，2005.

定额加专项补助”的分配方式，并执行“包干使用，超支不补，结余留用”原则。具体情况见表 4-3~表 4-5。

表 4-3 1984—1989 年我国高等教育经费支出情况

年份	国家财政收入/亿元	国家财政支出/亿元	高等教育支出/亿元	高等教育支出占国家财政支出比例/%	高校事业收入/亿元	高校事业收入占高校经费比例/%
1984	1501. 9	1546. 4	52. 2	3. 38	1. 4	2. 56
1985	1866. 4	1844. 8	60. 8	3. 30	5. 5	8. 30
1986	2260. 3	2330. 8	75. 1	3. 22	—	—
1987	2368. 9	2448. 5	75. 4	3. 08	6. 9	8. 41
1988	1618. 0	2706. 6	81. 7	3. 02	9. 2	10. 13
1989	2947. 9	3040. 3	87. 5	2. 88	9. 7	9. 98

资料来源：国家统计局 1993 年，国家教委 1993 年。

表 4-4 1990—1997 年财政预算内投资的高等教育事业费与基建费统计情况表

年份	财政支出中高等教育事业费与基建费/万元	财政支出中高等教育支出所占比例/%	财政收入增长比例/%	财政支出增长比例/%	财政支出中高等教育支出增长比例/%
1990	912066	2. 96	—	—	—
1991	1000995	2. 62	22. 94	23. 67	9. 75
1992	1058839	2. 41	15. 02	15. 11	5. 78
1993	1503551	3. 07	22. 52	20. 45	41. 99
1994	1777681	2. 97	2. 55	9. 55	18. 23
1995	2011860	2. 95	19. 63	17. 80	13. 17
1996	3221468	2. 92	18. 68	16. 32	15. 39
1997	2699537	2. 92	16. 78	16. 32	16. 29

资料来源：1990—1998 年《中国教育经费统计年鉴》。

表 4-5　1990—1997 年高等教育经费来源中财政性拨款与财政外资金统计情况

年份	高等教育经费/万元	财政性拨款所占比例/%	财政外经费所占比例/%	高等教育学费、杂费/万元	学费、杂费占高等教育经费比例/%
1990	1093061	87.70	12.30	5193	0.48
1991	1252823	86.90	13.10	19152	1.53
1992	1253363	81.80	19.20	45817	3.66
1993	1835245	82.18	17.82	134853	7.35
1994	2475445	72.32	27.68	329126	13.30
1995	2921979	69.51	30.49	445192	15.24
1996	3455526	68.22	31.78	563653	16.31
1997	4150981	66.12	33.88	723886	17.44

资料来源：1990—1998 年《中国教育经费统计年鉴》。

从表 4-3～表 4-5 可以看出：

(1)1985—1997 年，在国家财政对高等教育的投资总量逐年增加的同时，高等教育所占财政支出的比例，除个别年份外，总的趋势是在减少。从表 4-3、表 4-4 中可以看出高等教育支出所占财政支出的比例最高年份是 1984 年的 3.38%，最低年份是 1992 年的 2.41%，上下相差很大。

(2)表 4-4 中对比了财政支出增长比例与财政支出中高等教育支出增长比例，除个别年份外，后者低于前者。较之于财政收入增长比例，大部分年份财政投入高等教育的增长比例也是偏低的。

(3)财政支出中高等教育支出所占比例与高等教育支出增长比例指标中，1993 年明显高于相邻的其他年份，因为这年正好是高等学校教师工资调整年份，人员经费增长幅度较大。

(4)财政性拨款占高等教育总经费的比例不断下降，高等学校其他经费所占比例不断上升。1985 年和 1992 年以后高等教育财政拨款所占比例明显比前一年下降很多，这主要是由于 1985 年发布的《中共中央关于教育体制改革的决定》提出高等学校有权在计划外接受委托培养生和招收自费生；1992 年 6 月，国家教委、财政部、国家物价局联合发出《关于进一步改革和完善普通高等学校收费制度的通知》，1992 年 9 月，国家教委发布了《关于多渠道筹措教育经费改善办学条件的公告》，使得高等院校筹集经费能力加强。

在这十多年中，我国的财政收入占 GDP 的比例一直在下降，从 1985 年的 22.4%下降到 1995 年的 10.7%，这是中华人民共和国成立以来的最低值，1996 年、1997 年这两年虽增长，但增长幅度很小，1997 年才上升到 11.6%。财政收入占 GDP 比例的下降是影响高等教育支出占财政支出比例下降的重要原因。

以上说明，国家财政投资在高等教育中的地位正在发生变化，高等教育财政投资所占比重逐年减少。

2)学生及其家长交付的学费、杂费

在 1989 年以前，我国普通高等院校只向委培生和自费生收取少量学费，委培生和自费生人数很少，所占比例很小，其缴纳的学费在高等教育总经费中所占比例微乎其微。

随着国家教委等组织颁布了一系列文件，我国的学费收取制度逐步完善。从表 4-5 中可以看出，1990—1997 年，学费、杂费占高等教育经费的比例逐年上升，从 1990 年的 0.48%上升到 1997 年的 17.44%。在高等教育经费来源中，学费是增长最快的①。这段时间我国国民收入分配格局也发生了重大变化，国家财政收入占国内生产总值的比例下降，个人收入占 GDP 的比例不断上升，使学生家长和个人有能力成为高等教育投入的主力军。

3)高校事业收入

由于国家给予高等教育越来越多的自主权，高等学校可以通过同政府有关部门、基金会和工业部门签订科研合同、开展技术咨询、委托培养，以及各种各样的社会服务和校办产业获得一定收入。1985 年高校事业收入占总经费的 8.30%。1992 年以来，国家通过对校办产业实行税收减免和建立校办企业周转金制度，进一步促进了校办产业的发展。据不完全统计，1997 年全国校办产业、勤工俭学、社会服务收入用于教育支出的金额达到 99 亿元。高校事业收入已经成为高等教育资金来源不可缺少的组成部分。以 1994 年教育部属高等院校事业收入为例：高等教育事业费拨款 16.05 亿元；高等教育基建拨款 6.03 亿元；高校科学研究事业拨款 1.39 亿元；补充教育事业费的抵支收入 5.74 亿元；高校学生学费和住宿费收入 1.6 亿元；社会各界捐赠及赞助收入

① 刘尧．国际高等教育评估比较研究[J]．高等建筑教育，2000(3)：66-68.

0.8 亿元；高校基金收入 6.36 亿元，其中校办工厂及其他校办企业利润 1.45 亿元；教学科研、后勤及其他净收入 4.91 亿元[①]。

4)社会各界捐赠

我国社会各界对高等教育的捐赠一直比较少，1997 年，我国社会捐赠和集资办学经费为 61805 万元，只占当年高等教育总经费的 1.49%。

5)企业和公民办学经费

从长远看，企业要实现利润最大化目标，必须使用先进科学技术，改善经营管理方式。只有这样，才可能提高企业经济效益。企业每年引进大部分受过高等教育的技术人才与管理人才，是高等教育的一个重要受益者。因此，企业要承担自己对教育的社会义务，必须向高等教育进行投入，分担一定额度的教育成本。然而，实际上，由于企业制度不规范、产权关系不明确、国家的用人政策不完善，企业可以无偿得到毕业生或从市场廉价招聘专业技术人才。因此，企业不愿给教育投资，并且既无投资义务，也无任何约束。以 1997 年为例，企业和公民办学经费只占高等教育总经费的 0.36%。

4.2.2 1985—1997 年高等教育成本分担模式的优点及不足

这段时期我国高等教育成本分担模式的主要特征是，国家财政对高等教育的投资总量逐年增加的同时，财政投入占高等教育总经费的比例不断下降；学费在高等教育经费中所占的比例逐年上升，从 1993 年的高校收费试点到 1997 年的全面并轨，学费年增长率为 27.65%，1997 年学费、杂费所占比例已经达到 17.44%，学费收入是高等教育经费收入中增长最快的；高校事业收入是高等教育第三大经费来源，所占比例一般为 8%~10%；社会各界捐赠、企业和公民办学经费也在高等教育经费中起了一定作用，但所占比例很小。

随着社会主义市场机制在经济领域的实行，高等教育界也开始实行“谁受益谁付款”的原则，高等教育收费成了一个趋势。这有利于扩大高等教育入学率，保证高等教育的公平与效率。这一时期的高等教育成本分担主要是将学费、杂费列为经费的一个重要来源，其他方面对高等教育经费的承担还是非常少的。

① 熊劲峰，张玉柯 . 21 世纪高等教育的改革与发展[M]. 保定：河北大学出版社，2000：248-249.

4.3 1998—2002 年高等教育成本分担模式

4.3.1 1998—2002 年高等教育成本分担状况

1. 1998—2002 年我国高等教育发展状况

20 世纪 90 年代末期，知识经济时代初露端倪，再次激起了各个国家大力发展高等教育的热情。加之 1997 年开始的东南亚金融危机，使东亚和东南亚国家的金融和外贸受到很大的冲击，东南亚国家的货币急剧贬值造成这些国家的外贸产品相对便宜。我国为了制止金融风暴毅然选择了汇率不降低，这种做法造成我国外贸出口增长速度下滑，经济增长的重要力量受挫，于是人们开始将目光转向国内市场。而恰在此时我国经济出现通货紧缩的趋势，投资减少，消费疲软，国内消费市场增长不快，导致经济增长缺乏原动力。这时一些专家瞄向了高等教育事业。1999 年高校扩招的主要目的是拉动内需，暂时减缓就业压力，实现高等教育大众化①。于是在 1998 年招生 108. 36 万人的基础上，1999 年大幅度扩大招生规模，当年招生超过了 159. 68 万人(见表 4-6)。

表 4-6 1998—2002 年普通高等学校年招生数、在校生数、增长比例

年份	年招生数/万人	比上一年增长比例/%	在校生数/万人	比上一年增长比例/%
1998	108. 36	8. 32	340. 87	7. 38
1999	159. 68	47. 36	413. 42	21. 28
2000	220. 61	38. 16	556. 09	34. 51
2001	268. 28	21. 61	719. 07	29. 31
2002	320. 50	19. 46	903. 36	25. 63

资料来源：1998—2003 年《全国教育事业发展统计公报》。

① 唐凯林．上大学要交多少钱——关注高校收费改革[N]．中华读书报，2001-09-26(06)．

1998年中国共产党第十五次全国代表大会提出的文件《面向21世纪教育振兴行动计划》指出，为使更多的高中毕业生有接受高等教育的机会，根据各地的需求和经费投入及师资条件的可能，在采用新的机制和模式的前提下，2000年高等教育本专科在校生总数将达到660万人。招生计划的增量将主要用于地方发展高等职业教育……高等教育入学率由1997年的9.1%(新口径)提高到2000年的11%左右。1999年《中共中央、国务院关于深化教育改革全面推进素质教育的决定》提出，通过多种形式积极发展高等教育，到2010年，我国同龄人口的高等教育入学率要从现在的百分之九提高到百分之十五左右。

1999年我国推行的高等教育“扩招”政策对这一阶段的高等教育发展产生了重大影响，1999年、2000年、2001年这三年招生人数的增长率超过了20.00%，最明显的结果是我国高等教育迅速实现了从“精英化”向“大众化”的转变。这一时期，普通高等学校数量迅速增加，高等学校招生和在校生规模也大幅度增长。1999年高等教育毛入学率达到10.50%，比上年提高0.74个百分点。2002年，我国18~22岁人口各类高等教育毛入学率增长到15.00%，根据美国学者马丁·特罗教授的研究结论，高等教育毛入学率在15%以下属于精英教育阶段，15%~50%为高等教育大众化阶段，50%以上为高等教育普及化阶段(高等教育毛入学率指当年各类高等教育在校生占18~22周岁人口的比率)，我国高等教育实现了从“精英教育”到“大众教育”的历史性跨越。此后，高等教育规模逐年扩大①。

1998年后，我国的高等教育事业稳步发展，高等教育体制改革继续深化，特别是高等教育管理体制改革取得突破性进展，高等学校布局结构调整取得重要进展，1998年全国普通高等学校调整到1022所，到了2002年，达到1396所，增长了36.59%，学校数量大幅度增加(见表4-7)。伴随着教育体制的改革，1999年以后我国开始有规模地出现了一批新型体制的高等学校：独立二级学院和国有民营高校。独立设置的二级学院，是指在原有公办本科院校中引入民办机制，没有国家财政资金投入，而是引入巨额社会资金，按照国家政策按教育成本收取学费。这类学院具有独立法人、独立校园、独立财务，且独立颁发本科文凭。由于独立学院是依托公办学校办学，可以在品牌、师资、管理等主要软件上与母体实现共享，教育质量较有保障，同时又由于持有民间集

① 1999—2006年《全国教育事业发展统计公报》。

资，办学灵活，可按教育成本收费，有力地吸引了企业和社会资金大量注入，从而使其在硬件上也具有了一般民办高校所不具备的优势，办学条件有保障。因此，独立设置学院具有起点高、建设快、上规模、上层次等特点。到 2002 年全国经教育部批准的独立设置的二级学院已达到 400 所。① 国有民营高校是在对原来办学比较困难的公立高等学校进行体制改革，引入企业或社会团体对其进行投资经营管理，允许其按民办机制运转，按教育成本收费，国家财政投资渠道和数额不变，不改变学校的公办性质，但政府不需要增加新的资金投入。

表 4-7 1998—2002 年普通高校数

年份	1998	1999	2000	2001	2002
普通高校数/所	1022	1071	1041	1225	1396
比上一年增长/所	2	49	-30	184	171

资料来源：1998—2003 年《全国教育事业发展统计公报》。

2. 1998—2002 年我国高等教育成本分担状况

由于财政能力的增长远远不能满足迅速扩大高等教育规模的需要，因此只能通过调整高等教育成本分担政策的方式缓解巨大的财政压力。这一阶段高等教育分担政策的基本特征是，扩大资金来源渠道和采用多种融资方式。其结果是，教育财政投入责任进一步向地方政府下移，以大规模的信贷手段透支未来的财政能力，个人分担高等教育成本的比例迅速上升。

1) 政府拨款。从表 4-8 的数据来看，国家财政性高等教育经费绝对数量逐年稳定上升，由于国家财政收入占 GDP 的比重持续增长（从 1995 年最低点 10.70%增长到 2002 年的 18.00%），财政性高等教育经费投入的绝对数量仍将继续上升。但国家财政性高等教育经费占高等教育总经费的比例不断下降，从 1998 年的 64.16%下降到 2002 年的 49.74%（见表 4-9）。从 2003 年的政府工作报告中可以看出，教育投资的重点将放在加强义务教育特别是农村教育上，而高等教育的重点是建设高水平的大学。高等教育新增财政经费（加上不断增加的科研经费投入）很大程度上用来扶持高水平的高等教育机构（如一批研究

① 庄华洁．浙江省高等教育成本分担制度及其独特性的实证研究[D]．杭州：浙江大学，2005.

型大学)，培养优质高等教育资源，不同层次和水平的高等教育机构的收入结构存在较大差异，一些地方所属大学的国家财政拨款所占比例将会继续降低。

表4-8 我国高等教育经费来源情况 单位：万元

年份	总经费	国家财政性高等教育经费	社会团体和公民办学经费	社会捐赠和集资办学经费	学费	其他教育经费
1998	5981215	3837813	23854	118194	854665	1146689
1999	7646452	4728312	39083	163891	1378831	1336335
2000	9831365	5637055	90904	153444	2166937	1783025
2001	12475482	6659987	253802	174308	3124296	2263089
2002	15832129	7875176	417624	279514	4264517	2995298

①数据来源：1998—2004年《中国教育经费统计年鉴》；②根据数据分析和问题解释需要，“事业收入”这项未列出，而是选择“事业收入”中“学费”这一部分来统计。

表4-9 我国高等教育经费来源构成比例 单位：%

年份	国家财政性高等教育经费	社会团体和公民办学经费	社会捐赠和集资办学经费	学费	其他教育经费
1998	64.16	0.40	1.98	14.29	19.17
1999	61.84	0.51	2.14	18.03	17.48
2000	57.34	0.92	1.56	22.04	18.14
2001	53.38	2.03	1.40	25.04	18.14
2002	49.74	2.64	1.77	26.94	18.92

①表中数据根据表4-8计算得来；②根据数据分析和问题解释需要，“事业收入”这项未列出，而是选择“事业收入”中“学费”这一部分来统计。

2)学费。1997年高等学校全面并轨，我国高等教育全面实行收费制度，高校缴费上学局面已经基本形成。从1998年至今，高等教育的学费持续飞涨。据调查，1999年全国普通高等学校年平均学费为2769元，到2001年，其年平均学费已达5000元。2001年北京部分高校学费标准为：清华大学5000元，北京大学4900~5300元(医学部6000元)，中国人民大学4800元，北京理工大学、北京邮电大学等文科5000元、理科6000元，对外经贸大学、北京语言文化大学等 6000 元。其他省市部分高校学费标准为：上海外国语大学 10000 元，复旦大学 5500 元，哈尔滨工业大学 4000～5500 元，南开大学 4200～5000 元，中山大学文科 4560 元、理科 5160 元，四川大学文科 4600 元、理科 5000 元，浙江大学 4800 元，南京大学 4600 元。从这些学校的收费情况看，绝大多数学校的收费标准控制在 5000 元左右。外语和艺术类院校要相对高一些，一般在 6000 元左右。①

从表 4-8、表 4-9 可看出，1998 年学费在高等教育总经费中占 14.29%，到 2002 年达到 26.94%，已经超过了国际规定的 25.00%。学费对公民的经济负担已经到了相当高的程度，从支付能力上看，中国现阶段学费支出是最高的 3 倍以上②，因而再增加的幅度不会很大了，也不应该很大。

3)社会捐赠和集资办学经费。随着中国改革开放不断深入，人们经济实力不断增强，社会募集条件已日趋成熟。社会捐赠收入已逐渐成为学校办学经费的一个重要来源。《中华人民共和国公益事业捐赠法》的出台对鼓励民间捐赠高等教育也起到了促进作用。但捐赠收入的局限在于，民间资本在捐赠高等教育时往往会指定其用途；有时捐赠而来的资金也只能作为基金，再通过资本市场运作获得收入。由于捐赠是财团、个人和企业的善举，高校需要花费一定的人力、物力和财力去募集和筹措，很多时候需要进行一些公关性质的工作。从表 4-9 看来，社会捐赠和集资办学经费在高等教育总经费中所占比例一直很低，且变化不大，一般都在 2.00%左右。这可能与我国高校筹集社会捐赠经费的手段不够有力有关。我国高校在筹集社会捐赠方面可以向美国借鉴，成立专门的机构筹集社会捐赠和管理这些资金。

4)社会团体和公民办学经费。社会团体和公民办学经费在 2001 年、2002 年增长很快，达到了 2%以上。这是国家关注民办高等教育，并不断用立法保证民办高等教育的利益，以及社会对高等教育需求不断扩大的结果。随着《中华人民共和国民办教育促进法》和《关于规范并加强普通高校以新的机制和模式试办独立学院管理的若干意见》等的出台，这部分资金有了很大增加。

5)销售与服务。表 4-8 和表 4-9 中的其他教育经费主要是校办产业、社

---

① 唐凯林．上大学要交多少钱——关注高校收费改革[N]．中华读书报，2001-09-26(06)．

② 中国大学收费是世界最高的 3 倍[EB/OL]．[2006-04-14]．http：//news3.xinhuanet.com/newscenter/2005-07/17/content_ 3231003.htm.

会服务收入及科研收入。近年来随着国家经济体制改革进程的推进，学校承担无限责任的校办企业给学校带来的潜在的金融风险和法律责任危机愈加突出。特别是有超过 60% 的企业经营活动与学校教学科研活动无关，数量多、规模小、管理混乱的现象十分普遍，因此，校办产业收入所占份额逐渐萎缩。但是，随着高等学校教学科研能力的增强，科研成果、专利技术和其他教学产品的转让收入会逐步增加。随着社会对再教育和培训需求的不断扩大，高校这方面的收入也将不断扩大。这些方面的收入占高等教育总经费的比例从 1998 年以后都将近 20%，如果完善校办产业的管理体制，这些收入将会继续增长。

4.3.2　1998—2002 年高等教育成本分担模式的优点及不足

总结以上的分析，可以知道这段时期我国高等教育成本分担的主要特征如下：

(1) 中国高等教育自 20 世纪 90 年代末逐步完善经费来源多元化的格局。在这个过程中，政府用规模扩张政策满足了人们对高等教育的需求，同时用规模经济的观点来解释扩张的效果。但事实上，这种扩张是依靠学生学费来支撑的。

(2) 政府财政投入和学费是高等教育经费的两个主渠道，这种状况将持续一段时间，但这两项经费的变动趋势不可能持续下去。国家财政性教育经费的下降只能导致生均教育经费的下降，最终导致大学教育质量的下降；学费的相对水平与国际上一些发达国家相比也是相当高的，在政府对学生的资助手段单一、数量有限的情况下，人们的承担能力是有限的。

(3) 高等教育经费多元化依然是高等教育筹资的目标，但多元化应基于高等教育的产品属性而非其他。作为公益性的学术机构，其税费之外经费来源的多元化应围绕其教育和学术活动展开——技术和专利转让、教学产品的出售、科研经费的获取、为学生提供生活服务的收费。社会团体和公民办学经费将可能发挥越来越重要的作用，社会捐赠是一个潜在的高等教育经费来源。

高等教育的大幅度扩招与学费的大幅度提高同时进行，这在很大程度上满足了人们对高等教育的需求。由于多元化筹资模式还不完善，高等教育成本分担或者补偿主要采用了把政府的负担转嫁给受教育者及其家长的模式。由于我国人民收入水平还不是很高，最重要的是收入差距大，同时大学生贷款机制不完善，就决定了受教育者及其家长不能够负担太多成本。目前，过高的学费已经在一定程度上影响了高等教育选择的公平性。

4.4 大众化时期高等教育成本分担模式

4.4.1 大众化时期高等教育成本分担状况

1. 大众化时期我国高等教育发展状况

我国高等教育经过上一个阶段的超常规发展时期后，高等教育进入大众化阶段。普通高等学校招生规模从2003年开始增长速度有所减缓，2003年增长速度为19.24%，2006年比上一年增长8.24%，2007年后增长速度已经趋于平缓。在校生数同比上一年增长也保持大致的趋势。普通高等学校规模逐年持续增加。具体数据见表4-10、表4-11。从图4-1可以看出，我国高等教育毛入学率大幅度攀升：2018年，全国各类高等教育在学总规模达到3833万人，高等教育毛入学率达到48.1%；2019年，全国各类高等教育在学总规模达到4002万人，高等教育毛入学率达到51.6%，至此，我国的高等教育进入了普及化阶段。这样的增长速度是以高校大规模贷款和大幅度提高学生学费为代价的，同时也造成了高等教育质量滑坡和高校毕业生就业一年比一年困难的状况。

表4-10 2003—2018年普通高等学校年招生数、在校生数、增长比例

年份	年招生数/万人	比上一年增长比例/%	在校生数/万人	比上一年增长比例/%
2003	382.17	19.24	1108.56	22.72
2004	447.34	17.05	1333.50	20.29
2005	504.46	12.77	1561.78	17.12
2006	546.05	8.24	1738.84	11.34
2007	565.92	3.64	1884.90	8.40
2008	607.66	7.38	2021.02	7.22
2009	639.49	5.24	2144.66	6.12
2010	661.76	3.48	2231.79	4.06
2011	681.50	2.98	2308.51	3.44
2012	688.83	1.08	2391.32	3.59
2013	699.83	1.60	2468.07	3.21
2014	721.40	3.08	2547.70	3.23

续表4-10

年份	年招生数/万人	比上一年增长比例/%	在校生数/万人	比上一年增长比例/%
2015	737.85	2.28	2625.30	3.05
2016	748.61	1.46	2695.84	2.69
2017	761.49	1.72	2753.59	2.14
2018	790.99	3.87	2831.03	2.81

资料来源：2003—2018 年《全国教育事业发展统计公报》。

表 4-11　2003—2018 年普通高校数

年份	2003	2004	2005	2006	2007	2008	2009	2010	2011	2012	2013	2014	2015	2016	2017	2018
普通高校数/所	1552	1731	1792	1867	1908	2263	2305	2358	2409	2442	2491	2529	2560	2596	2631	2663
比上一年增长/所	156	179	61	75	41	355	42	53	51	33	49	38	31	36	35	32

资料来源：2003—2018 年《全国教育事业发展统计公报》。

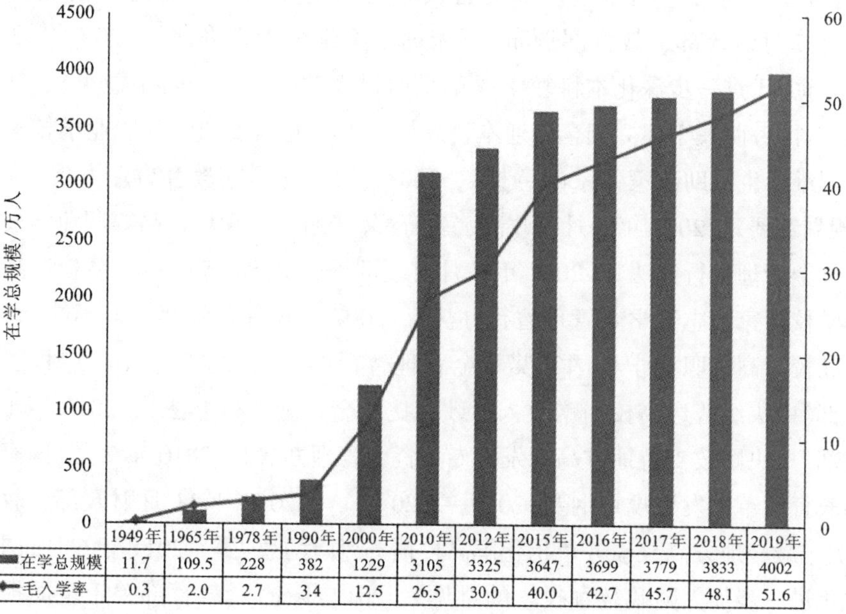

	1949年	1965年	1978年	1990年	2000年	2010年	2012年	2015年	2016年	2017年	2018年	2019年
在学总规模	11.7	109.5	228	382	1229	3105	3325	3647	3699	3779	3833	4002
毛入学率	0.3	2.0	2.7	3.4	12.5	26.5	30.0	40.0	42.7	45.7	48.1	51.6

注：全国各类高等教育在学总规模包含研究生、普通本专科、成人本专科、网络本专科、高等教育自学考试本专科等各种形式的高等教育在学人数。普通高等学校规模，仅指招收普通本专科在校生的学校和学生规模(此图中数据采用全国各类高等教育在学总规模统计口径)。

图 4-1　1949—2019 年高等教育在学总规模和毛入学率

资料来源：2019 年《全国教育事业发展统计公报》。

2. 大众化时期我国高等教育成本分担状况

经过了上一阶段对高等教育成本分担多元化途径的探索，已经基本形成了按市场原则多元化主体共同分担高等教育成本的局面，高等教育成本分担理念已深入人心。但是由于高等教育经费多元化筹资模式还不够完善，在高等教育成本分担或者补偿过程中，主要是把政府的财政投资部分转嫁给受教育者及其家长，以增加学费的形式来承担高等教育经费份额。在我国人民收入普遍不高，且城乡收入、行业收入差距大的条件下，过高的学费已经在一定程度上影响了高等教育选择的公平性。如何进一步完善高等教育成本分担状况，推进教育公平，促进高等教育往普及化方向发展，是这一时期的主要任务。这一时期，关于高等教育成本分担的政策陆续出台，高等教育成本分担体系日趋完善。有关高等教育成本分担的政策文件有：2004 年 3 月国务院发布《2003—2007 年教育振兴行动计划》，2004 年 6 月国务院办公厅转发教育部、财政部、人民银行、银监会《关于进一步完善国家助学贷款工作若干意见的通知》，2005 年 7 月财政部、教育部颁布《国家助学奖学金管理办法》，2007 年 2 月《教育部关于进一步深化本科教学改革全面提高教学质量的若干意见》，2007 年 5 月《国务院关于建立健全普通本科高校高等职业学校和中等职业学校家庭经济困难学生资助政策体系的意见》，2007 年 5 月《国家教育事业发展“十一五”规划纲要》，2007 年 6 月财政部、教育部《普通本科高校、高等职业学校国家助学金管理暂行办法》，2007 年 6 月财政部、教育部《普通本科高校、高等职业学校国家励志奖学金管理暂行办法》，2007 年 6 月财政部、教育部《普通本科高校、高等职业学校国家奖学金管理暂行办法》，2009 年 10 月财政部、教育部《中央级普通高校捐赠收入财政配比资金管理暂行办法》，2010 年 4 月财政部《中央财政支持地方高校发展专项资金管理办法》，2010 年 7 月《国家中长期教育改革和发展规划纲要(2010—2020 年)》，2010 年 11 月财政部、教育部《关于减轻地方高校债务负担化解高校债务风险的意见》，2011 年 6 月《国务院关于进一步加大财政教育投入的意见》，2012 年 3 月《教育部关于全面提高高等教育质量的若干意见》，2012 年 6 月教育部印发《国家教育事业发展第十二个五年规划》，2012 年 12 月财政部、教育部《高等学校财务制度》，2014 年 4 月教育部等五部门《关于 2014 年规范教育收费治理教育乱收费工作的实施意见》，2014 年 7 月国家教育体制改革领导小组办公室《关于进一步扩大省级政府教育统筹权的意见》，2014 年 7 月财政部、教育部、中国人民银行、银监会《关于调整完善国家助学贷款相关政策措施的通知》，2015 年 7 月《关于完善国家助学贷款政策的若干意见》，2015 年《中华人民共和国高等教育法》(2018 年修正)。

1) 政府财政投入逐渐加大

根据表 4-12、表 4-13 的数据，国家财政性高等教育经费绝对数量稳步上升，财政性高等教育经费投入占高等学校总经费的比例也不断上升，从 2005 年的 42.77%上升到 2018 年的 62.82%。20 世纪末 21 世纪初进行的一次高等教育大调整，把国家各部委所属高校下放到地方或合并进入教育部直属高校，形成了很多新大学，这也是 2001—2004 年，我国高等学校数量大幅度增加的主要原因。调整后，中央与地方高校数量发生很大变化，教育部直属高校数量减少，地方高校数量大幅度增加，而后趋于稳定，以地方政府为主、教育部为辅的两级管理体制正式形成。这一阶段的主要任务是，针对这一两级管理体制进一步明确中央与地方政府在财政经费的投入方面的责任，切实安排好不同层级政府关于高等教育办学、管理的事务。

表 4-12　全国普通高等学校经费来源情况　　单位：万元

年份	总经费	国家财政性高等教育经费	社会团体和公民办学经费	社会捐赠和集资办学经费	学费	其他教育经费
2003	16830688	—	—	256375	5330226	
2004	20001532	—	—	215440	6653772	
2005	25502371	10908369	1801315	210796	7919249	
2006	29388769	12595712	2327498	193315	8575028	
2007	36341851	15983187	318788	271809	12231914	
2008	42102369	20035116	301687	286343	14181277	
2009	46450089	22645083	330962	261761	15403469	
2010	54978649	29018026	269647	296357	16760756	
2011	68802316	40234989	332915	431870	18121026	
2012	78019064	48666312	248385	412521	18660749	
2013	79757658	47968763	340322	433260	19999916	
2014	85098552	51448764	191542	403936	19808710	

续表4-12

年份	总经费	国家财政性高等教育经费	社会团体和公民办学经费	社会捐赠和集资办学经费	学费	其他教育经费
2015	93641072	58411445	280913	480505	20156901	
2016	99733862	61988340	472742	471892	21388310	
2017	109469964	67989388	379795	464148	22959872	
2018	118587686	74491134	261923	512328	24501305	

①数据来源：2003—2019年《中国教育经费统计年鉴》；②根据数据分析和问题解释的需要，“事业收入”这一项选取了其中的“学费”作为统计数据，“其他教育经费”这一项未列入表中。

表 4-13 全国普通高等学校经费来源构成比例 单位：%

年份	总经费	国家财政性高等教育经费	社会团体和公民办学经费	社会捐赠和集资办学经费	学费	其他教育经费
2003	100.00	—	—	1.52	31.67	
2004	100.00	—	—	1.08	33.27	
2005	100.00	42.77	7.06	0.83	31.05	
2006	100.00	42.86	7.92	0.66	29.18	
2007	100.00	43.98	0.88	0.75	33.66	
2008	100.00	47.59	0.72	0.68	33.68	
2009	100.00	48.75	0.71	0.56	33.16	
2010	100.00	52.78	0.49	0.54	30.49	
2011	100.00	58.48	0.48	0.63	26.33	
2012	100.00	62.38	0.32	0.53	23.92	
2013	100.00	60.14	0.43	0.54	25.08	
2014	100.00	60.46	0.23	0.47	23.28	
2015	100.00	62.38	0.30	0.51	21.53	
2016	100.00	62.15	0.47	0.47	21.45	
2017	100.00	62.11	0.35	0.42	20.97	
2018	100.00	62.82	0.22	0.43	20.66	

①表中数据根据表4-12计算得来；②根据数据分析和问题解释的需要，“事业收入”这一项选取了其中的“学费”作为统计数据，“其他教育经费”这一项未列入表中。

2004 年 3 月，国务院发布《2003—2007 年教育振兴行动计划》，提出要改革和完善教育投入体制，各级人民政府教育财政拨款的增长应当高于财政经常性收入的增长，要合理确定政府和受教育者分担办学成本的比例，收费标准要与居民家庭经济承受能力相适应。

2007 年《国家教育事业发展“十一五”规划纲要》，要求加强各级政府对教育的统筹领导；加大公共财政对教育的投入力度，明确各级政府提供教育公共服务的职责，各级政府要依法落实教育经费的“三个增长”；在政府增加对高等教育投入的同时，鼓励和引导社会资金投入，形成政府投入与社会投入相互补充的高等教育投入格局，拓宽经费来源渠道，形成多元化的教育投入体制；完善教育财政转移支付制度。

2010 年《中央财政支持地方高校发展专项资金管理办法》出台，中央财政设立了支持地方高校发展专项资金，各级地方政府可以根据本省(区、市)的高等教育发展规划和地方财力，向中央政府申请资金支持。至此，地方政府统筹，中央政府加大转移支付力度，成为目前各地方政府对各自高等教育财政投入责任的制度安排。

中央与地方政府责任的划分使得地方对高等教育的财政投入不断增长，这也是这一阶段高等教育经费财政拨款不断增加的原因。

2)学费所占比例很高，但开始逐渐回落

2000 年高校招生并轨改革落幕，各地高校收费标准猛涨，学费一般超过 4000 元/年，但这也导致一段时间内部分高校收费出现混乱现象，所以为了保证教育机会公平，防止高校借此乱收费，政府一直要求保持学费标准不变动。2014 年教育部等五部门《关于 2014 年规范教育收费治理教育乱收费工作的实施意见》，提出规范普通高等学校收费行为，各地要按照属地化管理原则，因地制宜建立健全高等学校收费标准动态调整机制，落实和完善家庭经济困难学生资助政策，建立合理的教育培养成本分担机制。在调整高校收费标准时，要综合考虑当地经济发展水平、居民经济承受能力等，认真履行成本监审、听证、公示等程序，严格执行国家有关学费占年生均教育培养成本比例最高不得超过 25%的规定。由于经济水平的不断发展，物价的提高，高等教育财政拨款不断上涨，在高等教育学费变化不大的情况下，学费所占比例开始逐步下降，到 2014 年，学费所占比例为 23.28%，此后每年还在继续下降。

3)社会捐赠和集资办学经费总额增长，所占比例下降

这一阶段社会捐赠和集资办学经费的金额总数量逐年增长(2004—2006 年除外)，2003 年为 256375 万元，到 2018 年达到 512328 万元，在 2003 年的基础上，翻了一番。这一阶段，国家政策在鼓励社会捐赠方面迈出了重要的一步，正式出台鼓励社会捐赠的相关法律条款。《中华人民共和国企业所得税法》第九条规定：企业发生的公益性捐赠支出，在年度利润总额 12%以内的部分，准予在计算应纳税所得额时扣除；超过年度利润总额 12%的部分，准予结转以后三年内在计算应纳税所得额时扣除。这为鼓励企业捐赠从法律层面提供了支持。2009 年 10 月出台的《中央级普通高校捐赠收入财政配比资金管理暂行办法》中提出，为引导和鼓励社会各界向高等学校捐赠，拓宽高等学校筹资渠道，进一步促进高等教育事业发展，中央财政设立配比资金，对中央级普通高校接受的捐赠收入实行奖励补助。这一办法开创了政府在政策中为鼓励高校争取获得捐赠收入提供公共财政奖励的先河，调动了高校的积极性。2015 年，财政部、教育部联合印发《关于改革完善中央高校预算拨款制度的通知》中也有了中央高校捐赠配比专项资金这样的配套资金支持，这样就更能激励高校积极向社会筹集捐赠资金。政策的推动，以及经济的快速发展，调动了企业向高等教育事业捐赠的积极性，教育捐赠金额逐年上涨。但是社会捐赠和集资办学经费在高等教育总经费中所占份额仍然不高，且不断下降。

4)社会团体和公民办学经费总金额稳定，所占比例下降

社会团体和公民办学经费总金额基本维持在稳定状态，占经费总额的比例则是不断下降。这与我国独立学院设立、调整和转制息息相关。1999 年开始设置独立学院，独立学院数量和投资经费大幅度增长。2003 年，教育部印发《关于规范并加强普通高校以新的机制和模式试办独立学院管理的若干意见》的通知，规定自 2003 年起普通高校独立学院招收的新生，毕业证书不再发放母体学校本部的证书，改发独立学院的证书，学士学位证书还是由校本部发放。2006 年 9 月《教育部关于“十一五”期间普通高等学校设置工作的意见》，指出独立学院视需要和条件按普通高等学校设置程序可以逐步转设为独立建制的民办普通高等学校。2008 年 2 月教育部《独立学院设置与管理办法》对独立学院的设置和管理更规范，独立学院对学习期满且成绩合格的学生，颁发毕业证书，并以独立学院名称具印。独立学院按照国家有关规定申请取得学士学位授予资格，对符合条件的学生颁发独立学院的学士学位证书。2009 年 2 月，

教育部办公厅下发关于编报省级《独立学院五年过渡期工作方案的通知》，明确规定独立学院可以转设为民办本科和专科院校。2011 年，教育部《关于“十二五”期间普通高等学校设置工作的意见》专门对独立学院转设时间制定了优惠政策：2014 年以前每年均可按照高等学校设置工作要求开展独立学院转设的审批工作。教育部有关文件确认独立学院仍可作为长期存在的组织形式，但是转设明显已经成为举办者们为独立学院未来发展考虑的重要选项之一。教育部数据显示，2008 年，我国独立学院 322 所。从 2008 年开始，随着独立学院“撤”“并”“转”政策的提出和推行，独立学院数量有所减少，但仍然是高等教育体系中的重要力量。截至 2014 年 6 月 18 日，教育部批准的独立学院有 283 所，截至 2015 年 3 月，独立学院共有 275 所，到 2018 年降到 265 所。以上政策影响着独立学院的规模，从而也制约着这一部分教育经费的金额和比例。

5) 大学生资助体系日益完善

上一阶段，对学生的资助和学费补偿，主要体现在启动助学贷款和国家奖学金层面。这一阶段的奖、助学金及贷款政策日趋完善。

2004 年 6 月国务院办公厅转发教育部、财政部、人民银行、银监会《关于进一步完善国家助学贷款工作若干意见》，坚持以“方便贷款、防范风险”的原则推进国家助学贷款工作。改革财政贴息方式实行借款学生在校期间的贷款利息全部由财政补贴，毕业后全部自付的办法；延长还贷年限实行借款学生毕业后视就业情况，在 1~2 年后开始还贷、6 年内还清的做法。对毕业后自愿到国家需要的艰苦地区、艰苦行业工作，服务期达到一定年限的借款学生，经批准可以奖学金方式代偿其贷款本息。

2005 年 7 月，财政部、教育部颁布《高等学校国家助学金管理暂行办法》。国家助学金主要资助家庭经济困难学生的生活费用开支。国家助学金的平均资助标准为每生每年 2000 元，具体标准在每生每年 1000~3000 元的范围确定，可以分为 2~3 档……高校要按照国家有关规定，从事业收入中足额提取 4%~6%的经费用于资助家庭经济困难学生。

2007 年 5 月，《国务院关于建立健全普通本科高校高等职业学校和中等职业学校家庭经济困难学生资助政策体系的意见》提出：中央继续设立国家奖学金……奖励标准为每生每年 8000 元……中央与地方共同设立国家励志奖学金……资助面平均约占全国高校在校生的 3%，资助标准为每生每年 5000 元……国家助学金资助面平均约占全国普通本科高校和高等职业学校在校生总数的20%……从2007年起，对教育部直属师范大学新招收的师范生，实行免费教育。

2014年《关于调整完善国家助学贷款相关政策措施的通知》进一步健全普通高等学校家庭经济困难学生资助政策体系，国家助学贷款资助标准提高到全日制普通本专科学生每人每年申请贷款额度不超过8000元，全日制研究生每人每年申请贷款额度不超过12000元；有关学费补偿、国家助学贷款代偿和学费资助的标准也相应调整，具体为：高等学校学生应征入伍服义务兵役和高等学校毕业生赴基层单位就业学费补偿、国家助学贷款代偿及学费减免的标准提高；贷款最长期限从14年延长至20年，还款限期从毕业后2年延长至3年整。

这一阶段的政策在学生助学贷款的金额、还款年限和利息补贴方面都有很大调整，更能满足家庭贫困学生的需要。国家奖学金、国家励志奖学金和国家助学金的惠及面很广，国家励志奖学金和国家助学金的惠及面覆盖了学生总数的23%。我国大学生资助体系在促进教育公平方面起到了巨大作用。

4.4.2 大众化时期高等教育成本分担模式的优点及不足

通过以上的数据分析可以看出，这段时期我国高等教育成本分担状况呈现以下特征：

(1)进入21世纪，我国的高等教育成本分担多元化格局日趋完善，促进高等教育成本分担规范化的政策文件比较完备。这一时期，我国的高等教育在规模扩张的同时，不断提高高等教育质量来满足社会各界对高等教育的要求，并不断调整和完善高等教育模式与结构，以满足社会经济发展对各级各类人才的需要。

(2)政府财政投入不断攀升。高等学校调整和中央、地方两级管理体制的实施，高等教育经费财政投入总数量和比例不断提高，财政性教育经费的提高，极大地促进了高等教育规模的扩大和质量的提高，多数学校规模不断扩大，学校基础建设和设施不断完善。

(3)学费仍然是高等教育经费来源的重要渠道。这一时期学费相对比较稳定，学费所占比例在逐步下降，但学费水平仍然比较高。由于大学生贷款资助政策，国家奖学金、国家励志奖学金和国家助学金政策的完善和覆盖面的扩大，对学生学费的补偿力度加大，因此学费对学生和学生家庭的压力逐渐减小。

(4)社会团体和公民办学经费所占比例下降，政策激励不够。社会捐赠和集资办学经费，因为有相应的激励政策出台，总数量有所增加，但所占比例仍很低，且这两项经费的比例远远低于国际水平。

(5)高等教育经费来源多元化程度仍然有待提高。高等教育多元化格局虽然已经形成，国家财政拨款、学生资助政策还有待进一步完善；社会资金办学、社会捐赠和企业资金办学，以及学校创收等项目的潜力还有待进一步激活。基于职业教育的办学和教学特点，需要更进一步地激励企业参与办学，鼓励学校增加社会性服务收入。

第 5 章 1949 年后我国高等职业教育发展历程

5.1 高等职业教育的含义

“高等职业教育”是一个具有中国特色的概念，这个概念的提出与实践不是职业教育理论研究的结果，而是社会经济发展和教育体制、结构改革过程中不断调整和总结的产物。“高等职业教育”是高职教育理论体系中最基本的概念，是研究高等职业教育理论与实践的基础。《教育大辞典》中将高等职业教育定义为属于第三级教育层次的职业教育和技术教育，一般认为与高等教育同义。《中国教育百科全书》中定义高等职业教育为培养高级实践应用型人才的教育，属高等教育范畴。教育形式为学校教育和职业技能培训两种。1999 年《中共中央国务院关于深化教育改革全面推进素质教育的决定》明确指出：高等职业教育是高等教育的重要组成部分，是高等教育中具有较强职业性的一种特定教育。大力发展高等职业教育，就是要培养一大批具有实践能力和应用能力的技术型应用型人才①。

根据联合国教科文组织教育统计局所编著的《国际教育标准分类(ISCED) 1997 年》，教育分成以下七个等级。

学前教育阶段(ISCED 0 级)。这一等级针对的是 3~7 岁年龄阶段的教育。

① 宫宁．基于民生改善的中国高等职业教育发展研究[D]．长春：吉林大学，2016.

这个阶段的主要教育目的包括为了提高儿童的学习兴趣、增进儿童情感体验并促进社会发展，采取的所有有组织的、持久的制度化的活动。“制度化”将制度化的教育团体(如小学等)组织的活动与学生在各自家庭中组织的教育活动区别开来。

小学阶段或基础教育的第一阶段(ISCED 1 级)。这一阶段的教育一般持续到四年级至六年级。小学阶段教育通常不要求有任何先前的正式教育，有些国家的基础教育涵盖了整个义务教育阶段。我国这一初级阶段教育定为六年。

初中教育/基础教育的中学或二级教育阶段(ISCED 2 级)。这一阶段教育具有一个很大的特点，就是有一个专业化教师体系，也就是每一个科目都有专门的老师任教，这种专业化教育一直持续到义务教育结束。教学内容的设计以能够完成基础教育为目标。通过这一阶段的学习，学生的基础技能获得应用和完善。一般情况下，采用这种体系，初中教育的结束通常意味着义务教育的结束。在我国，小学以后的三年初中教育，即七、八、九年级，就是 ISCED 2 级的教育。这一等级的教育还包括对残疾人员进行的特殊教育和各种内容上类似于 ISCED 2 级的成人教育。

中学教育二阶段/高等中学教育(ISCED 3 级)。这一阶段包括普通教育和职业教育，入学年龄是 15~16 岁，持续学习到 18~20 岁，学制一般是 2~5 年。入学时通常要求学生已经完成了 ISCED 2 级的教育或者完成了基础教育且具有工作经验。这一阶段教育完成后，一般有以下几种出路：获得 ISCED 3a 级，为高等教育第一阶段 ISCED 5(大学教育)做准备；通过 ISCED 3b 级，为高等教育 ISCED 5b 的第一阶段做准备；通过 ISCED 3c 级，以此作为受教育的终点，为直接参加工作做准备。

高中后的非高等教育(ISCED 4 级)。这是从高等中学教育向高等教育的过渡阶段，为完成 ISCED 3 级的学生提供拓展和深化知识技能的机会。完成这一阶段学习的学生，可以直接走向就业岗位，也可以升入 ISCED 5 级继续学习。

高等教育第一阶段(ISCED 5 级)。这一阶段课程内容的难度比高中阶段课程或高中后的非高等教育阶段课程难度大很多。这一阶段的年限一般是 2~5 年，分为 ISCED 5a 级和 ISCED 5b 级。ISCED 5a 级，一般持续学习 3~5 年，完成课程后，可以获得专科院校或者综合性大学的学位，课程的理论性较强。ISCED 5b 级学习年限一般比 ISCED 5a 级短，主要是以职业为导向，为将来进行实践工作和就业做准备，这一阶段的学习也具有一定的理论性，颁发的文凭被劳动市场认可。

高等教育第二阶段(ISCED 6 级)。这一阶段的学习重点在深层次和原创性的研究上，可获得高等研究资格。

本书所讨论的高等职业教育概念限定在普通教育和学历教育范围内，即指普通高等教育形式中高等职业教育、职业教育的高等阶段、高中后或者等同于高中后的教育，包括后续表述的专科学校、短期职业大学、高等职业学校、高职(专科)院校，相当于 ISCED 5a 级中的专科和 ISCED 5b 级。

我国高等职业教育的产生和发展有一个客观的历史过程，从 1949 年到现在，一直在摸索、学习、借鉴中前进和完善。我国高等职业教育的发展与改革主要依靠政府政策的引导和推动，都是以一系列政策的出台为标志的。改革开放以来是我国高等职业教育政策制定、调整和完善较为集中的一个时期，取得了很好的成绩，对于我国高职教育的健康、持续发展起到了重要的指导和保障作用，主要表现在：确定了高等职业教育的法律地位，明确了高等职业教育的根本任务，提出了高等职业教育发展的多种途径，改革了高等职业教育的管理体制，制定了高等职业教育院校设置标准，总结了高等职业教育人才培养的主要特征，进一步规范了高等职业教育的管理等。对于高等职业教育政策历史进程的探讨和阶段划分，代表性的观点有四阶段和三阶段说。这些探讨和阶段划分虽然从某个侧面反映了高职教育政策的一些特征，但划分的标准不一，阐述的逻辑性和系统性难以令人信服。本书按照高等职业教育政策制定的历史背景、影响因素、变化过程以及对主要政策内容的分析之研究思路，把我国高等职业教育政策的历史进程分为五个阶段：第一阶段，酝酿起步阶段(1949—1990 年)；第二阶段，高等职业探索与地位确立阶段(1991—1998 年)；第三阶段，深入发展阶段(1999—2004 年)；第四阶段，稳定完善阶段(2005—2013 年)；第五阶段，中国特色高等职业教育发展模式构建时期(2014 年至今)。

5.2 高等职业教育酝酿起步阶段

这一阶段的时间跨度是 1949—1990 年。根据我国高等职业教育的发展状况，这一阶段又可以分为两个阶段。

5.2.1　1949—1977 年我国的高等职业教育发展状况

1949 年，中华人民共和国成立之初，中国的工业基础薄弱，各种产品和技术都依靠舶来。1949 年，我国各类职业学校加在一起，在校生数仅 30 万人①。20 世纪 50—70 年代，我国的国民经济得到了迅速恢复和发展，我国职业教育也得以恢复。根据我国国情，为了快速填补技术技能型人才缺口，大力发展培养周期短、人才实用性强的初、中等职业技术教育，形成了一个以中等专业学校为主体的职教体系。同时，由于生产干部的缺乏，对其培养和培训成为当时最急迫的事情。当时，中央政府非常重视职业教育的发展，1951 年召开的第一次全国中等技术教育会议上提出：培养技术人员是我们国家的根本之图。1952 年，在《中央人民政府政务院关于整顿和发展中等技术教育的指示》中明确指出：我们的国家正在积极地准备进行大规模的经济建设。培养技术人才是国家经济建设的必要条件。② 我国的职业教育在这种情况下奠基发展起来。1951 年，国家在原有专科学校的基础上做了调整，以推动高等专科学校发展，将其作为大学教育的补充。1952 年，借鉴别国经验，我国对原有专科学校进行分化和调整，它们中有些学校被合并到本科院校，有些被降格为中专学校。这段时间，国家重点发展中专教育，高等职业教育萎缩。培养专业技术人员的任务主要由中等职业技术学校承担。这时，国家主要将职业教育定位在初等或中等职业教育层次。

中共中央、国务院于 1958 年在《关于教育工作的指示》中提出了更为完善的教育方针，即教育必须为无产阶级的政治服务，教育与生产劳动结合，这是中华人民共和国成立后党和政府首次关于教育方针的明确表述，此后“多快好省”地产出时代急需的人才以及“教育与生产劳动结合”的思想对我国这个阶段的职业教育影响深远。

在这一教育方针指导下，1958 年发起“教育革命”，一种新型的教育模式——“半工半读”式的学校率先在天津国棉一厂出现。这种“半天劳动、半天学习”的模式，在城市和乡村广泛实行。在当时的社会经济条件下，这种学习

---

① 锻造大国工匠　奠基中国制造——新中国 70 年职业教育改革发展历程[EB/OL].[2022-01-25].http://www.moe.gov.cn/jyb_xwfb/s5147/201909/t20190927_401296.html.

② 蒋春洋.制度分析视角下我国高等职业教育发展研究[D].长春：东北师范大学，2013.

方式让更多人有了受教育、学技能的机会，扩大了职业教育的覆盖面，有利于人才的培养。此时的职业院校开始被要求面向工农招生，变革了旧中国工农无法接受教育的历史，切实保证广大工农大众享有受教育权利，促进了教育公平，提高了这部分人的科学文化素质和思想道德素质，维护了刚刚建立起来的人民民主专政的国家政权。到 1965 年，我国已有中等职业学校 7294 所，在校生 126.65 万人，占当时高中阶段学生总数的 53.2%。数据显示，1978 年，我国中等职业学校在校生仅占高中阶段学生总数的 7.6%，职业教育和普通教育结构严重失衡①。

在这段时间，我国的职业院校毕业生都是通过国家统一分配到各个地方的，我国人才储备少，随着国家四化建设进程的加快，各个行业都显示出对人才的缺乏，在人才数量和专业背景上都远远不能够满足地方经济建设的需求。

5.2.2 1978—1990 年我国的高等职业教育发展状况

职业教育的恢复是 1978 年，全面实施改革开放政策以后。随着全党和全国的工作重心转移到经济建设上来，各行各业都深感人才匮乏，基于对人才的需求，真正意义上的现代高等职业教育伴随着经济发展的需要产生了。同年，成立了职业技术师范学院，其目标是培养中等技术教育的教师。

这一阶段的主要特征是高等职业教育办学实践的探索先于政策的制定和实施。这一阶段的政策导向是对高等职业教育管理体制、办学形式等基本理论和实践问题进行有益的尝试和探索，初步确定我国高职教育发展的轨迹和基础。这一阶段政策的主要标志是职业大学及其相关政策的产生与发展。这一阶段的主要政策文本有：《关于加速发展高等教育的报告》(1983 年)、《中共中央关于教育体制改革的决定》(1985 年)、《关于全国职业技术教育工作会议情况的报告》(1986 年)、《关于改革和发展成人教育的决定》(1987 年)等。

随着改革开放政策的实施，经济社会的快速发展和人才紧缺之间的矛盾日益凸显。当时，普通高等学校数量有限，普通高中毕业生进入高等学校的升学矛盾十分尖锐，而在我国的一些中心城市经济发展速度明显加快。为满足地方

---

① 锻造大国工匠 奠基中国制造——新中国 70 年职业教育改革发展历程[EB/OL]. http://www.moe.gov.cn/jyb_xwfb/s5147/201909/t20190927_401296.html

经济对应用型、技术技能型人才的需求，以及人民大众对高等教育的迫切需要，1980年，教育部批准建立了金陵职业大学、合肥联合大学、江汉大学等我国首批13所职业大学。由于这些学校的目的都是培养地方经济建设急需的高等应用型人才，因而取名短期职业大学(Short-cycle Vocational Colleges)。在此之后的几年时间里，全国各地陆续兴办了100多所职业大学①。

随着我国经济体制改革的深入，大批高新技术和先进仪器设备被引进，传统的产业结构逐步调整，我国经济生产领域的科技含量和资本密集程度发生了很大的变化，国际化水平大有提高，对外开放的领域从一般加工业扩展到基础工业和基础设施，对生产第一线的技术、管理和服务人员从数量到质量提出了新的要求。因此，人们更加清醒地认识到，发展高等职业教育，对我国进一步深化改革扩大开放、促进社会经济发展具有重要意义。1982年，第五届全国人大第五次会议提出，要试办一批花钱少，见效快，可收学费，学生尽可能走读，毕业生择优录用的专科学校和短期职业大学。1983年国务院批转教育部、国家计委《关于加速发展高等教育的报告》，要求：积极提倡大城市、经济发展较快的中等城市和大企业举办高等专科学校和短期职业大学，且院校规模不宜过小。根据文件精神，教育部在1983年批准建立了33所职业大学，1984年、1985年又分别批准建立了22所。20世纪80年代中期，为推动高等职业教育的发展，国家曾从世界银行争取到3500万美元的贷款，集中支持17所职业大学的建设。职业大学在全国各地有了较大的发展，最多时一度达到128所，学生7.5万人②。在教育部公布的《2019全国普通高等学校名单》中，仍有10所专科学校的校名还保留“职业大学”名称，分别是天津职业大学、四平职业大学、南通职业大学、苏州市职业大学、扬州职业大学、黎明职业大学、九江职业大学、鄂州职业大学、乌鲁木齐职业大学和新疆职业大学。职业大学是我国最早具有高等职业技术教育性质的学校，也是我国最早举起高等职业教育旗帜的新型大学，标志着我国高等职业教育的开端，我国高等职业教育政策进入了酝酿初创阶段。

1984年4月，由江汉大学、金陵职业大学、成都大学、无锡职业大学、

---

① 徐挺．我国高职高专教育二十年发展阶段初探[J]．宁波高等专科学校学报，2000，12(3)：90-93.

② 易元祥．中国高等职业教育的发展研究[D]．武汉：华中科技大学，2004.

合肥联合大学和杭州工业专科学校发起，在武汉举行了“全国短期职业大学第一次校际协作会”；翌年11月，以职业大学为基础成立了“中国高等职业技术教育研究会”。

我国地方短期职业大学的发展迅速，突破了当时只有中央和省市政府才能办高校的办学体制，提出地方政府可以根据当地的实际情况创办职业大学，创建了高职院校服务地方经济建设的新途径，加强了高职院校和地方社会经济需求发展的联系，开创了高等教育办学主体多元化的模式，激发了地方政府办学积极性和高职院校办学活力。地方政府创办的职业大学中所设立的专业具有地方特色，以满足当地社会发展的实际需求为目标。这在为当地经济发展培养高级技术技能型人才的同时还可以使当地产业结构得到优化升级，调整了普通高等教育专业适应性不强的情况，增加了毕业生对口就业率。地方政府举办职业大学，也使我国高等职业院校规模大幅扩大，解决了高职院校地区分布不平衡的状况，满足了各个阶层人们想要上大学获得高等教育的需要，有利于以后高等教育普及化、大众化的实现，培养了一大批社会主义现代化建设急需的专业技术人员。

1985年5月27日，《中共中央关于教育体制改革的决定》分析了我国教育体制主要弊端，把职业教育提高到教育发展最紧迫的议事日程上来，“高中毕业生一部分升入普通大学，一部分接受高等职业技术教育”，“发展职业技术教育要以中等职业技术教育为重点……积极发展高等职业技术院校……逐步建立起一个从初级到高级、行业配套、结构合理又能与普通教育相互沟通的职业技术教育体系”。这是我国官方文件第一次规范地表述“高等职业技术教育”这一概念，使高等职业教育的发展有了政策上的保证，国家已把职业教育纳入国家教育体系，并在这一总体结构框架内，对职业教育体系进行调整，为高等职业教育体制的改革指明了方向，提高了社会创办高等职业教育的积极性，拉开了我国高等职业教育体制改革的序幕①。这也是第一次提出“高等职业技术院校”，有别于原来的“短期职业大学”，并将其定位为是高中后教育，确定了高等职业技术学院的“高等”性质，且提出了职业教育与普通教育相互沟通，打破了以往把职业教育看成就业教育的终结性教育类型的观念，有利于受教育者

---

① 邱同保. 从高职教育文本政策的解析看高职教育的发展轨迹[J]. 教育与职业，2008(17)：5-8.

的持续性发展和终身学习。

1986 年 7 月，全国职业技术教育工作会议在北京联合召开第一次会议，提出到 1990 年前后，全国初中后职业技术学校招生数与普通高中招生数大体相当；改革劳动人事制度；农村职业技术教育要确立为振兴农村经济、发展农业生产和为农民劳动致富服务的办学思想；要发展企业之间、学校和企业之间的联合办学，提高劳动者素质。

1990 年 11 月 27 日—12 月 1 月，在广州召开了全面研究高等专科教育工作的第一次全国性的座谈会，会后发布的《关于加强普通高等专科教育工作的意见》中提出了职业大学可以分流的政策：现有大多数短期职业大学在服务对象、专业设置、培养目标、培养模式、毕业生去向等方面与普通高等专科学校区别甚微，实际上是由地方举办的综合性高等专科学校。办学部门应根据本地区经济建设和社会发展的实际需要，认真研究这些学校的办学方向。一部分应办成以培养高级技艺性人才为目标的高等职业教育；一部分根据需要，经过上级主管部门审定并报国家教委批准，可以明确为普通高等专科学校。为了提高普通高等专科教育的生源质量，选择部分专科学校进行如下的招生制度改革试点工作：与一般本科院校同批录取；接收中学保送生；招收具有实践经验的高中文化水平（含中专、职业高中）的在职职工和在乡青年入学。

20 世纪 80 年代至 90 年代初，我国高等教育发展的重点在于规模扩张和数量增长。短期职业大学的蓬勃兴起不仅为高等职业教育在 20 世纪 90 年代的发展奠定了一定的规模基础，而且对高职教育的管理体制、办学形式等基本问题进行了有益的尝试。从高等职业教育改革的层面上看，职业大学的创办代表着一种体制的突破和制度创新，其重大意义主要表现在：一是职业大学按照地方经济社会发展的需求设置专业，培养急需的应用型人才，这是对我国高等职业教育人才培养模式的有益探索，代表了高等职业教育的改革方向；二是职业大学主要由经济较为发达的中心城市举办并采取多种渠道筹集资金的社会化办学方式及运行机制，冲破了长期以来中央和省二级办学体制的藩篱，对形成高等职业教育多元办学体制具有极其重要的导向作用；三是职业大学实行收费走读，不包分配，这是对传统高等学校招生制度、就业制度等管理体制的直接挑战。尽管这一时期对高等职业教育的认识是模糊的，高等职业教育还未得到社会认同，职业大学创办的初衷也不是发展高等职业教育，但办学的功能和特征正逐步引导职业大学走上高等职业教育的发展道路。到 1995 年 5 月，国家教委印发教职〔1995〕12 号文，正式承认职业大学是我国高等教育的一种办学形式，是高职教育的重要组成部分，是国家承认学历的全日制高等学校；之后，职业大学不再改名为专科学校，要保持相对的稳定。至此，职业大学和高职教育得到了国家的正式认同，高等职业教育被正式纳入国家教育体系[①]。

另一方面，职业大学都由地方举办，规模较小，办学模式和办学渠道单一，外部环境与条件不成熟，因而人们对于高等职业教育的本质是什么、如何发展高职教育等问题的认识仍处于一种模糊状态。政策制定者对职业大学发展定位、指导思想、办学方向、人才培养规格和人才培养模式等没有做出明确规定，办学实践基本上套用了高等专科教育的做法，其高等职业教育的职业性、技术性特征不明显；有关高等职业技术教育的政策是模糊和零碎的。比如，虽然提出了“高等职业技术教育”的概念，但将“高等专科学校”与“短期职业大学”单列，使高等专科教育与短期职业大学教育在人才培养目标和模式上发生了交叉现象。又如规定短期职业大学实行“收费、走读、毕业生不包分配”的政策，使短期职业大学普遍面临着办学经费不足、设施缺乏等诸多困难。正是由于认识上、实践上和政策上的局限性，一些职业大学不安于自己的性质和地位，借升格之机向普通高校靠拢，一部分职业大学不仅更换了校名，而且逐步偏离了原有的办学方向。《关于加强普通高等专科教育工作的意见》指出，现有大多数短期职业大学在服务对象、专业设置、培养目标、培养模式、毕业生去向等方面与普通高等专科学校区别甚微[②]，短期职业大学实际上是由地方举办的综合性高等专科学校。进入 20 世纪 90 年代以后，高等专科院校与短期职业大学之间的相似性越来越明显，引起了人们的高度关注，出现了两种代表性的观点，一种是职大为主、高专归并说，另一种是高专和高职并存发展说。在这种背景下，下一步如何理清和积极探索高等职业教育的政策思路，显得十分迫切和需要。

---

① 徐挺．我国高职高专教育二十年发展阶段初探[J]．宁波高等专科学校学报，2000，12(3)．

② 李盖虎，阳桂兰．改革开放三十年来我国高等职业教育政策的历史进程分析[J]．湖南工业职业技术学院学报，2010，10(2)：99．

5.3　高等职业教育探索与地位确立阶段

这一阶段的时间跨度是1991—1998年。这一阶段的特征，主要是高等职业教育理论和办学实践的探索，以及相关法律对高等职业教育地位的确认。

进入20世纪90年代以后，我国高等教育规模不足的状况得到一定缓解，但由于经济体制改革的不断深化，我国用人制度的根本性改变，毕业生就业难、人才结构性过剩问题引起了强烈的社会反响。因此，调整高等教育的结构，构建一种从高中开始的高等职业教育模式，确立高等职业教育的法律地位，明确高等职业教育的根本任务，改革高等职业教育的管理体制，成为90年代我国高等教育发展的主旋律。

这一阶段政策导向是提出发展高等职业教育的多种途径，政策的重点放在根据国情采取积极发展的方针上，主要解决高等职业教育发展的组织主体、基本格局和办学特色等问题。这一阶段的标志是"三改一补"政策的产生、调整和完善；《中华人民共和国职业教育法》的颁布实施、"六路大军办高职"政策及"三不一高"政策的出台。这一阶段的主要政策文本有：《关于大力发展职业技术教育的决定》(1991年)、《中国教育改革和发展纲要》(1993年)、《关于〈中国教育改革和发展纲要〉的实施意见》(1994年)、《关于推动职业大学改革与建设的几点意见》(1995年)、《关于开展建设示范性职业大学工作的通知》(1995年)、《中华人民共和国职业教育法》(1996年)、《面向二十一世纪深化职业教育教学改革的原则意见》(1998年)、《关于实施〈职业教育法〉加快发展职业教育的若干意见》(1998年)、《中华人民共和国高等教育法》(1998年)和《面向21世纪教育振兴行动计划》(1998年)等。

1991年1月，在北京联合召开第二次全国职业技术教育工作会议，提出要广泛发动和依靠社会力量办学，逐步形成多渠道、多层次、多形式的办学体制，采取中央和地方、教育部门和行业部门分级、分工的管理体制；大力提倡"校厂合一"的办学形式；要采取多种途径增加投入，拓宽经费来源；提出职业技术教育改革的关键是同劳动人事制度、工资制度改革协调配套。

1991年初召开的全国职业技术教育工作会议及会后发出的《关于大力发展职业技术教育的决定》，提出积极推进现有职业大学的改革，努力办好一批培养技艺性强的高级操作人员的高等职业学校，初步建立起有中国特色的、从初级到高级、行业配套、结构合理、形式多样，又能与其他教育相互沟通、协调发展的职业技术教育体系的基本框架。再次强调建立包括高等职业教育在内的职业教育体系的重要性，为我国未来的高等职业教育的发展指明了方向。

1993 年 2 月，中共中央、国务院颁布《中国教育改革和发展纲要》，提出要逐步建立以政府办学为主体、社会各界共同办学的体制……高等教育要逐步形成以中央、省(自治区、直辖市)两级政府办学为主、社会各界参与办学的新格局。

1994 年，第二次全国教育工作会议上，明确提出要落实通过现有职业大学、部分高等专科学校和独立设置的成人高校改革办学模式，调整培养目标来发展高等职业教育，在仍不满足时，经批准可利用少数具备条件的重点中等专业学校改制或举办高职班等方式作为补充(以下简称"三改一补")来发展高等职业教育的基本方针。这是我国高等职业教育发展过程中的重大政策调整，也是各界对高职教育认识更加深入的体现。"三改一补"政策的形成和制定，初步划定我国高等教育机构的办学分类，有利于高等教育结构的调整和已有教育资源的合理利用；有利于中等教育结构的调整和中、高等职业教育的相互衔接；有利于培养生产、建设、管理、服务第一线需要的高级实用人才，为区域经济发展服务。这一政策奠定了我国高等职业教育发展的组织主体和基本格局，初步形成了多类型的高等职业教育办学机构，也为高等教育结构调整拉开了序幕。尤其是相关政策开始理顺短期职业大学与高等专科教育的关系，提出高等专科学校的改革方向是发展高等职业技术教育。这对于巩固高等职业教育的地位、扭转专科教育本科化的现象具有战略性的意义，对于稳定和积极发展高等职业教育起了很大的推动作用。在此基本方针指导下，国家教委先后在 1994 年、1996 年批准了 18 所重点中专学校，允许这 18 所学校通过五年一贯制的形式发展高等职业教育。1995 年，国家教委做出决定，在成人高等学校中选取一些有条件的学校发展高等职业教育，截止到 1995 年，试点院校的规模已经扩展到 563 所①。

1995 年国家教委出台了发展高等职业教育的两项具体政策：《关于推动职业大学改革与建设的几点意见》《关于开展建设示范性职业大学工作的通知》。这两项具体政策有利于职业大学的发展，为下一阶段快速发展高等职业教育做

① 蒋春洋．制度分析视角下我国高等职业教育发展研究[D]．长春：东北师范大学，2013.

了政策准备。从政策制定层面分析，“三教统筹”和“三改一补”是符合我国国情和高等职业教育发展实际的。但是从政策实施看，政策目标远未实现，甚至发生了变异或偏差。比如重点中专办学条件较好，师资力量较强，实践基地多，比部分“三改”学校更适合举办高职教育，但重点中专仅仅作为补充，并没有发挥它的应有作用。因此，这一时期政策的主要不足，一是没有制定切实可行的配套政策来全面促进高等职业教育的发展；二是没有使专科教育及时向高职教育的方向转变，专科院校盲目升本和专科教育学科化的现象更为严重。

1996 年第三次全国职业技术教育工作会议是我国高等职业教育发展的转折点。1996 年 9 月，颁布了《中华人民共和国职业教育法》。该法的颁布标志着职业教育开始有了自己的专项法规，这是我国教育史上第一次把高等职业教育以法律的形式确定下来，在我国教育体系或教育结构中第一次确立了高等职业教育和高等职业学校的法律地位。

1997 年 9 月，国家教委颁布《关于高等职业学校设置问题的几点意见》。根据当时高等职业教育的实际情况，提出了设置高等职业学校的条件。1998 年，国家颁布《面向 21 世纪教育振兴行动计划》，再次强调高等职业教育人才培养特征。1998 年 9 月，《中华人民共和国高等教育法》颁布实施，该法第六十八条指出：本法所称高等学校是指大学、独立设置的学院和高等专科学校，其中包括高等职业学校和成人高等学校。《中华人民共和国高等教育法》从法律上明确了职业教育体系的构成，也表明了高等职业教育属于高等教育范畴，确立了高等职业技术学院在高等教育中的法律地位。1999 年 1 月，教育部颁布《试行按新的管理模式和运行机制举办高等职业技术教育的实施意见》(以下简称《实施意见》)，对高职教育的培养目标、发展途径、举办权限、专业设置、课程设置、实践教学、岗位能力、职业资格等方面进行了比较科学的概括，提出了“三多一改”政策。“三多一改”是一种探索性的制度创新，对发展高职教育具有方向性的指导意义。由此带来了高等职业教育在类型结构、层次结构和办学模式等方面的深刻变革，调动了各方面办学的积极性。《实施意见》还提出了“三不一高”政策，即高等职业学校的毕业生不包分配，不再使用《普通高等学校毕业生就业派遣报到证》，国家不再统一印制毕业证书内芯，以学生缴费为主的政策。此项政策的目的是改变传统的专科人才培养模式，加快专科教育向高等职业教育转变的步伐，是我国高职教育进入快速发展时期的重要标志。《实施意见》还提出了“六路大军”一起办高职的政策。从政策角度分析，这些政策为高等职业院校深化办学模式改革，积极探索以多形式、多途径和多机制发展高等职业教育，提供了良好的外部环境和难得的发展机遇，是大力发展高等职业教育的动员令。1999 年 6 月 13 日，中共中央、国务院发布《关于深化教育改革全面推进素质教育的决定》，进一步明确了高等职业教育的根本任务和办学主体。

这一阶段的政策比较明确地回答了高职教育发展中的一系列重大问题，促使高等职业教育真正进入快速发展的时期。但这一阶段政策的滞后性和模糊性对高等职业教育的发展产生了一定的负面影响。比如过于重视高职教育规模的快速发展，而忽视了质量上的规范。

这一阶段的政策对高职院校设立的审查极为宽松，对高职院校的办学水平缺乏有效监督。又如提出“六路大军”办高职，以同一政策标准鼓励办学，加之配套政策不完善，这样难免出现偏差，导致学生的实践能力、应用能力不符合人才市场和用人单位的需求，直接影响了高职毕业生的就业问题，影响了高等职业教育整体水平和质量的提高。又如提出“三不一高”政策，这一政策虽然符合高等教育改革的总体要求，具有政策的前瞻性，但在政策规范尚未到位，生源、资金、社会影响等各方面都比较薄弱的高职试点，对高职教育的发展无疑是沉重的打击。

从表 5-1 和表 5-2 可以看出，1999 年之前的高职院校招生增幅和报到率不高等问题，可能与“三不一高”政策的负面影响直接相关。20 世纪 90 年代，我国高等职业教育正处于探索发展中，高等职业院校规模未有明显增加，数量变化也不大，高等职业教育的发展需要更多规范性政策和制度的引领。在这种情况下，1997 年国家教委颁发了《关于高等职业学校设置问题的几点意见》，该文件从高等职业学校的名称、招生规模、专业数量以及师资、实训情况等方面进行了规范。1998 年，我国的高等教育开始扩大招生规模，在这个高等教育扩招背景下，高等职业教育的招生规模也开始扩张。为了提高高技能专门人才的培养规模和速度，教育部和国家计委于 1999 年 1 月做出决定，在当年的普通高等教育招生计划当中，将 10 万人的招生指标给予 14 个省、市，用来试行高等职业教育。因此，1999 年高等职业学校的招生人数比上一年有了大幅度提升。

表 5-1 1997—2000 年我国普通高等专科学校、职业技术学院数①② 单位:所

年份	普通高等专科学校	职业技术学院(短期职业大学)	专科和短期职业大学合计数
1995	—	—	438
1996	—	—	424
1997	337	80	417
1998	330	101	431
1999	313	161	474

表 5-2 1997—1999 年我国普通高等学校专科学生数③ 单位:人

年份	毕业生数	招生数	在校生数
1997	447423	420714	1188237
1998	425167	430492	1174117
1999	406682	611864	1361453

5.4 高等职业教育深入发展阶段

这一阶段的时间跨度是 1999—2004 年。这一阶段，我国普通高等专科学校、职业技术学院数和在校生数都大幅度增长。从表 5-3 和表 5-4 可以看出，1999 年我国普通高等专科学校、职业技术学院总数是 474 所，到 2004 年增加到 1047 所；在校生数 1999 年约 136.15 万人，2004 年达到 595.65 万人左右。

1999 年，高等职业教育大幅度扩招。进入 21 世纪，伴随着国民经济的持续快速发展，产业结构的优化升级，高等教育大众化进程的推进，对高技能人才的需求越发旺盛，而现存的劳动力结构已经不能很好地满足社会需求，因此迫切需要通过大力发展高等职业教育来调整劳动力结构，并将高等职业教育作为实现高等教育大众化的重要举措。此阶段，我国高等职业教育民生政策制定和调整较为集中，改革力度、发展速度也都超过了以往任何时期。

① 1995 年、1996 年《全国教育事业发展统计公报》.

② 中华人民共和国教育部官网 1995—1999 年教育统计数据.

③ 中华人民共和国教育部官网 1995—1999 年教育统计数据.

表 5-3 1999—2004 年我国普通高等专科学校、职业技术学院数① 单位：所

年份	普通高等专科学校	职业技术学院(短期职业大学)	专科和短期职业大学合计数
1999	313	161	474
2000	258	184	442
2001	242	368	610
		其中：高职院校	高职(专科)院校合计数
2002	—	548	767
2003	—	711	908
2004	—	872	1047

表 5-4 1999—2004 年我国普通高等学校专科学生数② 单位：人

年份	毕业生数	招生数	在校生数
1999	406682	611864	1361453
2000	454143	1045881	2160719
2001	468484	1300955	2946914
2002	681546	1617037	3762786
2003	947894	1996439	4793553
2004	1194862	2374271	5956533

这一阶段的政策导向是：深入认识什么是高等职业教育、如何发展高等职业教育等根本性问题并形成共识，总结高等职业教育人才培养模式的主要特征，探索高等职业教育人才培养的具体措施，制定高等职业学校的设置标准，开展高等职业教育的评估工作。这一阶段高等职业教育的发展思路趋于明晰，政策体系基本完善。这一阶段政策的主题是规范发展和扩大规模两个方面。这一阶段的主要政策文本有：《教育部关于加强高职高专教育人才培养工作的意见》(2000 年)、《关于制订高职高专教育专业教学计划的原则意见》(2000 年)、《高等专科学校、高等职业学校和成人高等学校教学管理要点》(2000

① 中华人民共和国教育部官网 1999—2004 年教育统计数据 .

② 中华人民共和国教育部官网 1999—2004 年教育统计数据 .

年)、《高等职业学校设置标准(暂行)》(2000 年)、《关于加强高职(高专)院校师资队伍建设的意见》(2002 年)、《关于大力推进职业教育改革与发展的决定》(2002 年)、《2003—2007 年教育振兴行动计划》(2004 年)、《普通高等学校高职高专教育指导性专业目录(试行)》(2004 年)、《关于以就业为导向深化高等职业教育改革的若干意见》(2004 年)等。

从 2000 年至 2004 年，教育部出台了 30 多个文件全面促进高等职业教育向深入发展。从 2000 年开始，国家把职业技术学院审批权下放到省、直辖市、自治区政府。2000 年 1 月 17 日，教育部印发《关于加强高职高专教育人才培养工作的意见》，文件明确提出我国高等职业教育今后的发展思路和原则，明确阐述了高职人才培养模式的主要特征。这是在当时高职教育规模急剧发展的新形势下出台的一个重要文件，对规范高职教育的人才培养目标和模式都起到了很好的指导和保障作用，成为此后我国高职高专教育人才培养工作的指导性文件，在我国高职高专教育改革和发展进程中具有里程碑的作用。之后，教育部又颁布了《关于制订高职高专教育专业教学计划的原则意见》等五个具体政策，这些政策文本，规范、细化了高等职业教育在教学、管理、师资、人才培养质量评价方面的原则及相关规定，是高等职业教育政策走向深入发展阶段的标志。2000 年 3 月，教育部颁布了《高等职业学校设置标准(暂行)》。这个文件对高职院校校系两级领导的配备、专兼职教师队伍、土地和校舍面积等方面做出了具体规定，进一步明确了高职教育的办学规模、层次、学制及目标。2002 年 7 月，第四次全国职业教育工作会议的召开与其后颁发的配套文件，形成了 21 世纪初我国高等职业教育发展的基本政策思路和总体改革方向。2003 年 9 月，教育部成立了高职高专院校人才培养工作水平评估委员会和各专业大类教学指导委员会，颁发了《高职高专院校人才培养工作水平评估方案(试行)》等文件。此文件规定从 2004 年开始，正式启动五年一轮的高职高专院校人才培养工作水平评估工作。这项评估对高职教育的发展起到巨大的推动作用，促进了高职教育向规范化发展。2004 年 2 月，教育部出台《 2003—2007 年教育振兴行动计划》，该文件提出了 9 条意见，对高职教育的办学方向、专业设置、教学建设和改革、产学研结合机制、人才培养模式创新、学制改革、评估制度等方面都做出了具体规定，进一步明确了高职教育人才培养的目标定位。从 2002 年 10 月以来，教育部连续召开了三次高等职业教育产学结合经验交流会，分别研讨了农业、制造业和服务业等行业领域的职业技术人才的培养工作，进一步明确高等职业教育以服务为宗旨，以就业为导向，走产学研结合的发展道路的性质与特征、学制、办学模式以及人才培养模式等核心问题。2004年6月，经国务院批准，教育部、国家发展改革委等七部委建立了职业教育工作部际联席会议制度。这一制度的建立，强化了政府对职业教育的统筹领导，促进了政府有关部门对职业教育工作的沟通与协调，是我国职业教育发展史上的一个重要的体制创新，对我国高职教育的改革和发展具有十分重要的意义。2004年9月14日，教育部、国家发展改革委、财政部等七部门通力合作出台了《关于进一步加强职业教育工作的若干意见》，明确提出了支持高等职业教育持续发展的政策。

虽然这个阶段出台的相关配套政策很多，但缺少针对性、操作性不强。总体而言，还存在以下不足：①高等职业教育政策转化为政策实践的环节还需加强。②产学合作政策扶持力度不够，证书制度、就业制度、教育立交桥制度、人才制度、质量保障制度、经费投入保障制度等尚未完善。③从政策的实施角度分析，存在的问题也比较明显，尤其是在教学评估方面，评估工作量大，实施难度大，很难达到预期效果；评估指标体系项目过多、过细，显得重点不突出；迎评工作需要较多人力、财力，特别是材料准备工作量大，将对正常的教学工作和教学改革带来一定影响。这些问题的解决亟待政策的进一步完善。

5.5 高等职业教育稳定完善阶段

这一阶段的时间跨度是2005—2013年。从表5-5和表5-6可以看出，高职(专科)院校数量稳步增长，2005年共1091所，2013年增长到1327所；高职(专科)院校在校生人数2005年为7129579人，2013年增长到9736373人。这一阶段政策的导向是：稳定基本政策，完善具体政策。政策的重点为内涵建设和提高教学质量、推进人才培养模式改革、推动示范性高职院校建设。这一阶段的主要标志是示范性高职院校建设的政策制定与实施。这一阶段的主要政策文本有：《关于进一步推进高职高专院校人才培养工作水平评估的若干意见》(2005年)、《国务院关于大力发展职业教育的决定》(2005年)、《关于职业院校试行工学结合、半工半读的意见》(2006年)、《关于实施国家示范性高等职业院校建设计划加快高等职业教育改革与发展的意见》(2006年)、《关于全面提高高等职业教育教学质量的若干意见》(2006年)等。

表 5-5 2005—2013 年我国普通高等专科学校、职业技术学院数[①] 单位：所

年份	高职(专科)院校	其中：高等职业学校
2005	1091	921
2006	1147	981
2007	1168	1015
2008	1184	1036
2009	1215	1071
2010	1246	1113
2011	1280	—
2012	1297	—
2013	1327	—

表 5-6 2005—2013 年我国普通高等学校专科学生数[②] 单位：人

年份	毕业生数	招生数	在校生数
2005	1602170	2680934	7129579
2006	2048034	2929676	7955046
2007	2481963	2838223	8605924
2008	2862715	3106011	9168042
2009	2855664	3133851	9648059
2010	3163710	3104988	9661797
2011	3285336	3248598	9588501
2012	3208865	3147762	9642267
2013	3187494	3183999	9736373

① 中华人民共和国教育部官网 2005—2013 年教育统计数据 .

② 中华人民共和国教育部官网 2005—2013 年教育统计数据 .

2005年3月，教育部出台了《关于进一步推进高职高专院校人才培养工作水平评估的若干意见》，规定了评估范围、评估标准、评估专家队伍、评估实施、评估结论与评估纪律等方面的内容，以达到以评促建、以评促改、以评促管的目的。2005年10月，颁布了《国务院关于大力发展职业教育的决定》。文件对职业教育存在的一些问题和政策进行了总结，明确要求大力推行工学结合、校企合作培养模式，并规定高等职业院校学生实习实训时间不少于半年。提出了实施职业教育示范性院校建设计划，在整合资源、深化改革、创新机制的基础上，重点建设高水平的培养高素质技能型人才的1000所示范性中等职业学校和100所示范性高等职业院校的具体措施。该项政策对加强各级政府对高职教育的重视起到了积极的推动作用。2005年11月国务院召开了全国职业教育工作会议，提出并阐释了中国特色的现代职业教育体系的内涵。2006年3月，教育部出台《关于职业院校试行工学结合、半工半读的意见》，要求把推进工学结合、半工半读作为学校改革发展的基本方向。2006年11月教育部出台了《关于全面提高高等职业教育教学质量的若干意见》，对提高高等职业教育教学质量明确提出了八大方面的要求。这些要求为高等职业教育的稳定健康发展指明了方向。2006年11月，教育部、财政部颁发了《关于实施国家示范性高等职业院校建设计划加快高等职业教育改革与发展的意见》，从目标、任务、管理等方面规定了建设示范性院校应该注意的问题，提出坚持导向性、协调性、效益性、创新性的原则，明确指出选择办学定位准确、产学结合紧密、改革成绩突出、制度环境良好、辐射能力较强的高等职业院校进行重点支持，带动全国高等职业院校办出特色。在这一政策的指导下，2006年12月、2007年8月、2008年7月，教育部、财政部先后评选出了首批28所、第二批42所、第三批32所国家示范性高等职业院校建设计划立项建设院校。这是全面落实科学发展观，促进高等职业教育与经济社会发展紧密结合的政策措施，是以加强高职院校基础能力建设为切入点，把高职院校改革与发展的重点放到加强内涵建设和提高教育质量上来的政策措施，也是我国高等职业教育迈向稳定完善和特色化建设阶段的标志性政策，有力地促进了一部分高职院校进一步加强内涵建设，同时也带动了其他高职院校把工作的重点转移到加强内涵建设上来，给我国高等职业教育带来了前所未有的发展机遇。

这一阶段政策的不足主要体现在示范性高职院校建设政策的制定和实施方面。深圳大学高等教育研究所李均教授认为：这项政策存在着一定的负面影响。其一，示范性高职院校建设加大了高职院校的两极分化。在“十一五”期间建设 100 所示范性高职院校，只占到全部高职高专院校的十几分之一；其二，示范性高职院校建设加重了高职院校的负担，教育教学秩序受到不同程度的影响；其三，从已经在建的示范校看，它们对其他高职院校的示范作用比较有限。因此，现阶段政策的引导应该是推进区域内高职院校的均衡发展，加大对薄弱学校的改造力度，保障每所学校都具备基本的办学条件。在此基础上，鼓励每个学校办出自己的特色。

5.6　中国特色高等职业教育发展模式构建阶段

2014 年我国高职院校在校学生数约 1006.6 万人，首次突破千万人。这充分说明了社会对高职教育发展需求的广泛性和迫切性。

自 2005 年召开的第六次全国职业教育工作会议以后，我国已建成世界上规模最大的职业教育体系，不仅为我国培养了大批高素质劳动者和技术技能型人才，为千万家庭送去解决就业、增加收入的民生福音，更为人人成才的教育梦想筑就基石。截至 2013 年，高职(专科)院校 1327 所，在校生约 973.64 万人。职业教育得到了社会各界的广泛关注。

2014 年 6 月，第七次全国职业教育工作会议在北京召开。会议召开前夕，国务院颁布《关于加快发展现代职业教育的决定》，明确提出加快发展现代职业教育，是深入实施科教兴国战略和人才强国战略的必然要求，是保就业、惠民生、打造经济升级版的重要举措，是让人人成为有用之才、共享人生出彩机会、创造更大人才红利的有效途径，对全面建成小康社会、实现中华民族伟大复兴的中国梦具有重要意义。到 2020 年，形成适应发展需求、产教深度融合、中职高职衔接、职业教育与普通教育相互沟通，体现终身教育理念，具有中国特色、世界水平的现代职业教育体系；今后一个时期总体保持中等职业学校和普通高中招生规模大体相当，高等职业教育规模占高等教育的一半以上，到 2020 年……专科层次职业教育在校生达到 1480 万人，接受本科层次职业教育的学生达到一定规模；引导普通本科高等学校转型发展，健全分级管理、地方为主、政府统筹、社会参与的管理体制，完善政府主导、行业指导、企业参与的办学机制；打通从中职、专科、本科到研究生的上升通道等改革举措。对此，业内人士不吝用高等教育领域革命性调整来形容。他们寄望这轮改革能帮助中国破解高等教育、经济结构、社会就业等方面存在的问题。2014 年以后，我国普通高职(专科)院校数和我国普通高等学校专科学生数见表 5-7 和表 5-8。

表 5-7 2014—2020 年普通高职(专科)院校数①

年份	2014	2015	2016	2017	2018	2019	2020
院校数/所	1327	1341	1359	1388	1418	1423	1468

表 5-8 2014—2020 年我国普通高等学校专科学生数② 单位：人

年份	毕业生数	招生数	在校学生数
2014	3179884	3379835	10066346
2015	3222926	3484311	10486120
2016	3298120	3432103	10828898
2017	3516448	3507359	11049549
2018	3664729	3365885	11337005
2019	3638141	4836146	12807058
2020	3766894	5243364	14595488

2015 年 10 月，教育部编制了《高等职业教育创新发展行动计划(2015—2018 年)》，该行动计划旨在贯彻落实《关于加快发展现代职业教育的决定》，创新发展高等职业教育，希望通过 3 年的建设，实现高等职业教育整体实力显著增强、人才培养质量持续提高、服务经济社会发展水平显著提升、高等教育结构优化成效更加明显的目标，从而推动现代职业教育体系日臻完善。

2017 年教育部《关于进一步推进职业教育信息化发展的指导意见》指出，要进一步推进我国职业教育信息化发展，是适应当今教育改革和信息技术创新应用趋势，如期实现职业教育现代化……的必然选择和战略举措，要提升职业教育信息化基础能力，推动优质数字教育资源共建共享，提升师生和管理者信息素养。

① 中华人民共和国教育部历年统计数据 2014—2020 年 .

② 中华人民共和国教育部历年统计数据 2014—2020 年 .

2018 年《关于全面推行企业新型学徒制的意见》在人才培养方面提出要创新中国特色技能人才培养模式，面向各类企业全面推行企业新型学徒制，扩大技能人才培养规模，为促进劳动者更高质量就业，实现经济高质量发展提供有力人才支撑。

《职业教育提质培优行动计划(2020—2023 年)》提出，把发展专科高职教育作为优化高等教育结构和培养大国工匠、能工巧匠的重要方式，输送区域发展急需的高素质技术技能人才；推进专科高职学校高质量发展，遴选 300 所左右省域高水平高职学校和 600 个左右高水平专业群；建立健全省级统筹的高职分类考试招生制度；完善文化素质+职业技能评价方式，引导不同阶段教育合理分流、协调发展，为学生接受高职教育提供多种入学方式……鼓励高职学校与产教融合型企业联合招生。

2019 年教育部、财政部《关于实施中国特色高水平高职学校和专业建设计划的意见》，围绕办好新时代职业教育的新要求，集中力量建设 50 所左右高水平高职学校和 150 个左右高水平专业群，打造技术技能人才培养高地和技术技能创新服务平台，支撑国家重点产业、区域支柱产业发展，引领新时代职业教育实现高质量发展。到 2022 年，列入计划的高职学校和专业群的办学水平、服务能力、国际影响显著提升，为职业教育改革发展和培养千万计的高素质技术技能人才发挥示范引领作用，使职业教育成为支撑国家战略和地方经济社会发展的重要力量。形成一批有效支撑职业教育高质量发展的政策、制度、标准。到 2035 年，一批高职学校和专业群达到国际先进水平，引领职业教育实现现代化，为促进经济社会发展和提高国家竞争力提供优质人才资源支撑。职业教育高质量发展的政策、制度、标准体系更加成熟完善，形成中国特色职业教育发展模式。

国务院《关于印发国家职业教育改革实施方案的通知》指出：职业教育与普通教育是两种不同的教育类型，具有同等重要地位。改革开放以来，职业教育为我国经济社会发展提供了有力的人才和智力支撑。现代职业教育体系框架的全面建成，促使职业教育服务于经济社会发展的能力不断增强，具备了基本实现现代化的诸多有利条件。另外，还应把发展高等职业教育作为优化高等教育结构和培养大国工匠、能工巧匠的重要方式，以使城乡新增劳动力更多地接受到高等教育。高等职业学校要培养服务区域发展的高素质技术技能人才，重点服务企业特别是中小微企业的技术研发和产品升级，加强社区教育和终身学习服务。建立职教高考制度，完善文化素质+职业技能的考试招生办法，提高生源质量，为学生接受高等职业教育提供多种入学方式；启动1+X证书制度试点工作，加快推进职业教育国家学分银行建设。

这一时期，我国高等职业教育除了在规模上有较大发展外，还开启了中国特色高等职业教育模式发展之路，各项政策在高等职业教育人才培养目标、招生改革、中国特色高水平高职学校和专业建设等方面都有了明确的说明。从人才培养目标来看，高等职业学校要培养的是服务区域发展的高素质技术技能人才，与普通高等教育和中职教育在人才培养目标上有明确的定位区分。在招生上，提出要建立职教高考制度，扩大单独招生计划，让中职学生比例不断提高，且对社会人员如退役军人、失业人员、农民工和新型职业农民制订单独招生计划，使入学方式和学习方式具有多样性。在学生的未来发展上，其出路也是多种多样的，学生既可选择直接就业，也可选择继续深造。在学历证书方面，启动1+X证书制度试点工作，让学生们可以根据自己的职业规划和工作需求来考取相应的职业资格证书。推动高等职业教育向终身学习的目标迈进，在制度上推进职业教育国家学分银行建设，让学员们可以终生不断学习。

第 6 章 我国高等职业教育成本分担现状研究

6.1 我国高等职业教育发展状况

政府对高等职业教育成本分担的状况与高等职业教育的发展是密不可分的，高等职业教育的发展离不开政策的支持和政府财政的支持。社会各界对高等职业教育成本的分担，也会对高等职业教育事业的发展起到促进作用。分析我国高等职业教育的发展状况，一般可以从教育质量和教育规模两个指标上展开。

(1)高等职业教育办学规模稳步扩大

经过几十年艰辛探索，我国高等职业教育取得了很大的成就。2014 年，第七次全国职业教育工作会议后，我国高等职业教育更是得到了快速发展，高等职业教育规模已逐步占到整个高等教育的“半壁江山”。从表 6-1 可以看出，2014 年后，我国的高等职业院校数量稳步增长，到 2020 年，全国共有独立设置高职(专科)院校 1468 所，比 2014 年增加了 141 所；2014 年招生 3379835 人，到 2020 年，招生数达到 5243364 人。2014 年，在校生数首次达到千万人，后续几年稳步增长；2019 年，高等职业院校针对社会人员扩招 100 万，到 2020 年，在校生数比上一年有了大幅度增加，高职(专科)院校学校平均规模

2014 年是 6057 人[①]，到 2020 年达到 8723 人[②]。

表 6-1 2014—2020 年我国普通高等学校专科学生数、学校数[③]

年份	学校数/所	毕业生数/人	招生数/人	在校生数/人
2014	1327	3179884	3379835	10066346
2015	1341	3222926	3484311	10486120
2016	1359	3298120	3432103	10828898
2017	1388	3516448	3507359	11049549
2018	1418	3664729	3365885	11337005
2019	1423	3638141	4836146	12807058
2020	1468	3766894	5243364	14595488

(2)办学条件得到极大改善

2014 年，财政部、教育部下发文件规定，各地高职院校年生均拨款水平应当不低于 1.2 万元，2015 年全国 31 个省(自治区、直辖市)已经全部建立了高职院校生均拨款制度，这为稳定我国高职院校办学经费提供了制度保障。据统计，2012—2015 年高等职业院校的财政性教育经费年均增长达 10.00%。随着政府对高等职业教育投入力度加大，高等职业学校办学条件不断改善。数据显示，2015 年，全国高职(专科)院校生均教学辅助及行政用房面积 15.3 平方米，生均教学仪器设备值明显增加，生均教学科研仪器设备值为 0.8 万元，生均教学仪器设备值超过 0.4 万元的院校比例超过 92.00%，近 400 所院校超过 1.0 万元；教育信息化建设成效突出，每百名学生拥有教学用计算机 25 台，带宽在 100Mbps 及以上的院校比例为 93.50%，校均上网课程为 63 门；高等职业院校的校内实践教学基地超过 5.6 万个，校均 45 个。办学条件不断改善

① 《2014 年全国教育事业发展统计公报》.

② 《2020 年全国教育事业发展统计公报》.

③ 中华人民共和国教育部官网 2014—2020 年教育统计数据 .

有力支撑了高水平学科专业建设和人才培育质量的提升。①

(3)师资队伍建设持续加强

在师资数量上，由表6-2可知，2020年我国普通高职高专院校专任教师数量约为55.64万人，比2014年的约43.83万人增加了近11.81万人。在生师比上，2015年高职高专院校为23.07∶1，2016年为23.19∶1，2017年为22.92∶1，2019年为24.90∶1，2020年达到26.23∶1。2018年，我国高职(专科)院校专任教师总人数497682人，其中正高级职称23113人，占比4.64%，副高级职称127571人，占比25.63%，中级职称199801人，占比40.15%，初级职称92767人，占比18.64%，未定职级者54430人，占比10.94%。我国高职院校教师队伍建设，无论是在数量上还是在职称结构上，都取得了较大成就。

表6-2 2014—2020年我国普通高等学校专科学生数、教职工数② 单位：人

年份	在校生数	教职工数	其中：专任教师数
2014	10066346	625017	438300
2015	10486120	639281	454576
2016	10828898	652580	466934
2017	11049549	669521	482070
2018	11337005	685266	497682
2019	12807058	699400	514436
2020	14595488	744478	556424

(4)办学水平不断优化

为了提升高等职业院校的办学水平，教育部启动了被称为“专科985”的百所示范性高等职业院校建设工程计划。以示范性高职院校带动全国高等职业院

① 改革开放40年：40年来我国高等职业教育发展回顾与展望.[EB/OL].[2022-01-25]. https://www.sohu.com/a/270207964_164989.

② 中华人民共和国教育部官网2014—2020年教育统计数据.

校深化改革，提升我国高等职业教育的整体水平。

建成的国家100所示范性高职院校，其中北京4所，北京工业职业技术学院、北京电子科技职业学院、北京农业职业学院、北京财贸职业学院；上海4所，上海医药高等专科学校、上海公安高等专科学校、上海工艺美术职业学院、上海旅游高等专科学校；天津4所，天津职业大学、天津中德职业技术学院、天津医学高等专科学校、天津电子信息职业技术学院；重庆3所，重庆工业职业技术学院、重庆工程职业技术学院、重庆电子工程职业学院；河北4所，邢台职业技术学院、承德石油高等专科学校、石家庄铁路职业技术学院、河北工业职业技术学院；山西2所，山西省财政税务专科学校、山西工程职业技术学院；内蒙古2所，内蒙古建筑职业技术学院、包头职业技术学院；辽宁4所，辽宁省交通高等专科学校、沈阳职业技术学院、大连职业技术学院、辽宁农业职业技术学院；吉林3所，长春汽车工业高等专科学校、长春职业技术学院、吉林工业职业技术学院；黑龙江4所，黑龙江建筑职业技术学院、黑龙江农业工程职业学院、黑龙江农业经济职业学院、大庆职业学院；江苏7所，南京工业职业技术学院、无锡职业技术学院、江苏农林职业技术学院、常州信息职业技术学院、苏州工业园区职业技术学院、江苏工程职业技术学院、江苏建筑职业技术学院；浙江6所，宁波职业技术学院、浙江金融职业学院、浙江机电职业技术学院、温州职业技术学院、金华职业技术学院、浙江警官职业学院；安徽3所，芜湖职业技术学院、安徽水利水电职业技术学院、安徽职业技术学院；福建2所，福建船政交通职业学院、漳州职业技术学院；江西1所，九江职业技术学院；山东6所，山东科技职业学院、山东商业职业技术学院、威海职业学院、淄博职业学院、日照职业技术学院、青岛职业技术学院；河南4所，黄河水利职业技术学院、平顶山工业职业技术学院、商丘职业技术学院、河南职业技术学院；湖北4所，武汉职业技术学院、武汉船舶职业技术学院、湖北职业技术学院、武汉铁路职业技术学院；湖南5所，长沙民政职业技术学院、湖南铁道职业技术学院、永州职业技术学院、湖南交通职业技术学院、湖南工业职业技术学院；广东4所，广州番禺职业技术学院、深圳职业技术学院、广州民航职业技术学院、广东轻工职业技术学院；广西2所，南宁职业技术学院、柳州职业技术学院；四川6所，成都航空职业技术学院、四川工程职业技术学院、四川交通职业技术学院、四川建筑职业技术学院、绵阳职业技术学院、四川电力职业技术学院；云南2所，云南交通职业技术学院、昆明冶金高等专科学校；贵州 1 所，贵州交通职业技术学院；陕西 3 所，杨凌职业技术学院、西安航空职业技术学院、陕西工业职业技术学院；甘肃 2 所，兰州石化职业技术学院、甘肃林业职业技术学院；新疆 3 所，新疆农业职业技术学院、克拉玛依职业技术学院、新疆石河子职业技术学院；海南 1 所，海南职业技术学院；宁夏 2 所，宁夏职业技术学院，宁夏财经职业技术学院；青海 1 所，青海畜牧兽医职业技术学院；西藏 1 所，西藏职业技术学院。这些学院分布在全国各个省、自治区、直辖市，用以支撑国家重点产业、区域支柱产业发展，优化当地高技能型人才结构，引领新时代高等职业教育实现高质量发展。

(5)办学体制机制改革不断深化

在办学体制上，鼓励中央企业和行业龙头企业、行业部门、高等职业院校等，围绕区域经济发展对人才的需求，牵头组建职业教育集团，促进高职教育集团化办学。开展多元投资主体依法共建职业教育集团的改革试点，探索建立基于产权制度和利益共享机制的集团治理模式与运行机制；建立基于学分转换的集团内部教学管理模式。支持有特色的高职高专院校以输出品牌、资源和管理的方式成立连锁型职业教育集团。强化省、市、县三级统筹，建立了政府主导、行业指导、企业参与的管理运行原则，建立了以学校理事会/董事会、教职工代表大会等为核心的内部治理结构。在人才培养模式上，创新校企合作模式、工学结合模式和顶岗实习的人才培养模式，深化教学和课程改革，通过订单培养、中国特色学徒制等方式探索建立符合应用型人才和技术技能型人才培养的模式。在教学改革上，以提高质量为核心，深化专业内涵建设，推进课程体系、教学模式改革，完善政府、行业企业、学校、社会等多方参与的质量监管评价机制。改革招生考试制度，分类考试招生成为高职学校招生的主渠道。建立健全省级统筹的高职分类考试招生制度。鼓励退役军人、下岗职工、农民工和高素质农民等群体报考高职学校，可免于文化素质考试，只参加学校组织的与报考专业相关的职业适应性测试或职业技能测试。完善高职分类考试内容和形式，推进“文化素质+职业技能”评价方式，引导不同阶段教育合理分流、协调发展，为学生接受高职教育提供多种入学方式。加快建设职业教育国家“学分银行”，制定学时学分记录规则，引导在校学生和社会学习者建立职业教育个人学习账号，以便存储和积累学习成果。推动高职院校参与 1+X 证书制度的实施，服务于学生成长和高质量就业，促进终身学习。架构职普融通通道，增强职业教育适应性。

(6)专业建设不断完善

建立产业人才数据平台，发布产业人才需求报告，促进职业教育和产业人才需求精准对接。研制职业教育产教对接谱系图，指导优化职业学校和专业布局，重点服务现代制造业、现代服务业和现代农业。2015年，教育部印发《普通高等学校高等职业教育(专科)专业目录(2015年)》，主要根据产业分类进行专业划分，第一产业主要涉及农林牧渔大类，设专业51个。第二产业涉及资源环境与安全大类、能源动力与材料大类、土木建筑大类、水利大类、装备制造大类、生物与化工大类、轻工纺织大类、食品药品与粮食大类等8个专业大类，设专业295个。第三产业涉及交通运输大类、电子信息大类、医药卫生大类、财经商贸大类、旅游大类、文化艺术大类、新闻传播大类、教育与体育大类、公安与司法大类、公共管理与服务大类，设专业401个。2016年增加农林牧渔大类1个专业、资源环境与安全大类1个专业、能源动力与材料大类1个专业、轻工纺织大类1个专业、食品药品与粮食大类2个专业、电子信息大类1个专业、医药卫生大类1个专业、财经商贸大类1个专业、文化艺术大类1个专业、教育与体育大类1个专业、公共管理与服务大类2个专业，共13个专业。2017年增加农林牧渔大类1个专业、食品药品与粮食大类4个专业、医药卫生大类1个专业，共6个专业。2018年增加了资源环境与安全大类1个专业、能源动力与材料大类1个专业、电子信息大类1个专业，共3个专业。到2018年，三大产业专业数量分别是：第一产业53个，第二产业306个，第三产业411个。三大产业相关专业数比例为1∶5.77∶7.75，更加符合我国产业结构调整要求。高等职业教育专业基本覆盖各产业领域，专业设置动态调整模式与产业需求，有利于技术技能人才的系统培养，有力支撑了现代产业的转型发展。

教育部、财政部《关于实施中国特色高水平高职学校和专业建设计划的意见》指出，面向区域或行业重点产业，依托优势特色专业，健全对接产业、动态调整、自我完善的专业群建设发展机制，促进专业资源整合和结构优化，发挥专业群的集聚效应和服务功能，实现人才培养供给侧和产业需求侧结构要素全方位融合。校企共同研制科学规范、国际可借鉴的人才培养方案和课程标准，将新技术、新工艺、新规范等产业先进元素纳入教学标准和教学内容，建设开放共享的专业群课程教学资源和实践教学基地。组建高水平、结构化教师教学创新团队，探索教师分工协作的模块化教学模式，深化教材与教法改革，推动课堂革命。建立健全多方协同的专业群可持续发展保障机制。其目标是：到 2035 年，一批高职学校和专业群达到国际先进水平，引领职业教育实现现代化，为促进经济社会发展和提高国家竞争力提供优质人才资源支撑。

6.2　我国高等职业教育成本分担现状

(1)政府财政拨款比例不断升高，超过普通高等学校教育财政拨款比例

高等职业教育在校生数突破千万人后，开始稳步推进内涵式发展，注重教育质量提升和教育体制的改革。高等职业教育中财政拨款比例逐年提高，从表 6-3 和表 6-4 可以看出，从 2012 年的 58.98%到 2018 年的 65.30%，涨了 6.32 个百分点。高等职业教育财政拨款比例比同期的普通高等教育财政拨款比例相对较高，涨幅更快，2012 年普通高等学校财政拨款比例是 62.38%，比普通高职高专学校教育经费中财政拨款比例高，到了 2015 年后，财政拨款比例中普通高职高专学校比普通高等学校更高，并逐年加大差距，到了 2018 年，普通高职高专学校财政拨款比例比普通高等学校高了 2.48 个百分点。财政部、教育部《关于建立完善以改革和绩效为导向的生均拨款制度加快发展现代高等职业教育的意见》，要求发挥财政资金的激励导向作用，建立完善的高职院校生均拨款制度。

(2)民办学校中举办者投入和社会捐赠比例有待提高

我国民办高等职业学校中举办者投资经费不断增加，但是经费所占比例仍然不高。民办高等职业学校中举办者投入经费比例远高于同时期普通高等教育经费中民办学校举办者投入经费所占的比例。如表 6-4 所示，2012—2018 年，普通高职院校民办学校中举办者投入经费比例分别是 0.86%、1.37%、0.58%、0.63%、1.70%、1.32%、0.61%；普通高等学校民办学校中举办者投入经费比例分别是 0.32%、0.43%、0.23%、0.30%、0.47%、0.35%、0.22%。

社会捐赠经费所占比例则逐年下降，且低于普通高等学校中社会捐赠经费所占比例，2012—2018 年普通高职院校社会捐赠经费所占比例分别是 0.21%、0.27%、0.12%、0.16%、0.13%、0.10%、0.10%；普通高等学校中社会捐赠经费所占比例分别是 0.53%、0.54%、0.47%、0.51%、0.47%、0.42%、0.43%。这与知名企业、社会人士更愿意向本科院校特别是名校捐赠的行为有关；再者，相对来说，高职院校的校友数比本科院校少，社会地位高的则更少。

表 6-3　2012—2018 年我国普通高职高专学校教育经费收入情况　单位:万元

年份	总经费	国家财政性教育经费			民办学校中举办者投入	社会捐赠	学费
		国家财政性教育经费总数	其中:企业办学中的企业拨款	其中:校办产业和社会服务收入用于教育的经费			
2012	14104359	8319232	131855	16768	121297	29922	4634464
2013	14523947	8236695	127259	20047	198302	39576	4654872
2014	15177670	9095787	108188	27111	88406	18676	4539852
2015	17262592	10890893	105307	18955	108251	27696	4634464
2016	18360301	11477168	105383	18357	312218	24777	4858794
2017	20252641	13106716	66530	16680	266693	20714	5116090
2018	21592781	14099432	57721	28053	131369	21793	5358307

①数据来源于 2013—2019 年《中国教育经费统计年鉴》;②根据数据分析和问题解释的需要,国家财政性教育经费中公共财政预算教育经费、各级政府征收用于教育的费用、其他属于国家财政性的教育费用未列入表中,只选取了企业办学中的企业拨款、校办产业和社会服务收入用于教育的经费这两项;“事业收入”部分仅选取了“学费”这一项;另外,“其他收入”未列入表中。

表 6-4　2012—2018 年我国普通高职高专学校教育经费比例情况　单位:%

年份	总经费	国家财政性教育经费			民办学校中举办者投入	社会捐赠	学费
		国家财政性教育经费总数	其中:企业办学中的企业拨款	其中:校办产业和社会服务收入用于教育的经费			
2012	100. 00	58. 98	0. 93	0. 12	0. 86	0. 21	32. 86
2013	100. 00	56. 71	0. 88	0. 14	1. 37	0. 27	32. 05
2014	100. 00	59. 93	0. 71	0. 18	0. 58	0. 12	29. 91

续表6-4

年份	总经费	国家财政性教育经费			民办学校中举办者投入	社会捐赠	学费
		国家财政性教育经费总数	其中:企业办学中的企业拨款	其中:校办产业和社会服务收入用于教育的经费			
2015	100.00	63.09	0.61	0.11	0.63	0.16	26.85
2016	100.00	62.51	0.57	0.10	1.70	0.13	26.46
2017	100.00	64.72	0.33	0.08	1.32	0.10	25.26
2018	100.00	65.30	0.27	0.13	0.61	0.10	24.82

数据来源：根据表 6-3 中 2012—2018 年我国普通高职高专学校教育经费收入情况计算所得。

(3)企业办学中的企业拨款、校办产业和社会服务收入用于教育的经费占比较低

国家财政性拨款中，有一部分是来自企业办学中的企业拨款，这部分经费所占比例从 2012 年的 0.93%下降到了 2018 年的 0.27%。校办产业和社会服务收入用于教育的经费的数量虽然不断增加，但增幅较小，所占比例一直不高。

(4)学费所占比例很高，但在逐步下降

2012 年学费所占比例达到 32.86%，此后逐年下降，到 2018 年，学费所占比例为 24.82%，下降了 8.04 个百分点，这主要是由政府财政拨款比例增加引起的。高等职业院校的学生学费浮动很小，如表 6-5 所示，湖南大众传媒职业技术学院 2018 年、2019 年、2020 年招生专业及收费标准中显示，普通文化类专业是 3200~4600 元。学院以艺术类专业见长，艺术类专业比较多，其学费相对来说较高，学费的标准多年来变动很小，住宿费也多年未变。随着以后其他经费比例的提高，学费所占比例还会有所降低。

表 6-5 湖南大众传媒职业技术学院 2018 年、2019 年、2020 年招生专业及收费标准

单位：元

二级学院	专业	学费标准	书籍费	体检费	军训费	住宿费	合计
新闻与传播学院	新闻采编与制作	6050	600	78	65	1200	7993
	广播影视节目制作	8250	600	78	65	1200	10193
	影视编导	7500	600	78	65	1200	9443
	数字出版	5500	600	78	65	1200	7443
	摄影摄像技术	7500	600	78	65	1200	9443
	广播电视技术	5500	600	78	65	1200	7443
	网络新闻与传播	5500	600	78	65	1200	7443
视觉艺术学院	影视动画	9000	600	78	65	1200	10943
	动漫设计	7500	600	78	65	1200	9443
	广告设计与制作（影视广告方向）	7500	600	78	65	1200	9443
	数字媒体艺术设计	7500	600	78	65	1200	9443
	艺术设计（品牌形象设计方向）	7500	600	78	65	1200	9443
	室内艺术设计	7500	600	78	65	1200	9443
	环境艺术设计	7500	600	78	65	1200	9443
	人物形象设计	7500	600	78	65	1200	9443
	电子竞技运动与管理	5500	600	78	65	1200	7443
新媒体技术学院	数字媒体应用技术	6050	600	78	65	1200	7993
	计算机网络技术	7800	600	78	65	1200	9743
	云计算技术与应用	4600	600	78	65	1200	6543
	软件技术	7800	600	78	65	1200	9743
	移动互联应用技术	4600	600	78	65	1200	6543
	电子商务技术（网络数据分析应用方向）	4600	600	78	65	1200	6543

续表6-5

二级学院	专业	学费标准	书籍费	体检费	军训费	住宿费	合计
影视艺术学院	播音与主持	8250	600	78	65	1200	10193
	戏剧影视表演	7500	600	78	65	1200	9443
	音乐表演	7500	600	78	65	1200	9443
	舞蹈表演	7500	600	78	65	1200	9443
	现代流行音乐	7500	600	78	65	1200	9443
管理学院	会计	3850	600	78	65	1200	5793
	金融管理	3850	600	78	65	1200	5793
	电子商务	3500	600	78	65	1200	5443
	传播与策划(传媒策划与管理方向)	5500	600	78	65	1200	7443
	文化创意与策划	5500	600	78	65	1200	7443
国际传播学院	商务英语	3200	600	78	65	1200	5143
	休闲服务与管理(旅游文化休闲方向)	4600	600	78	65	1200	6543
	休闲服务与管理(茶文化传播方向)	4600	600	78	65	1200	6543
	文秘	3200	600	78	65	1200	5143

注：2020 年电子竞技运动与管理专业学费调整为 4600 元。

(5)生均教育经费逐年提高，地区差异显著

根据表 6-6 和表 6-7，全国普通高职高专学校生均教育经费支出在 2012 年是 16860.77 元，到 2018 年达到 23659.41 元，增长了约 40.32%。在生均公共财政预算教育经费支出上，2012 年为 10107.84 元，2018 年达到 15792.01 元，增长了约 56.24%。生均教育经费的增幅非常大，且公共财政预算教育经费支出增加幅度超过生均公共财政预算教育经费支出的增幅。

表 6-6 2012—2018 年地方普通高职高专学校生均教育经费支出

单位：元

省级行政区或计划单列市	2012 年	2013 年	2014 年	2015 年	2016 年	2017 年	2018 年
合计	16860. 77	16832. 88	17435. 00	20085. 45	20414. 95	22235. 73	23659. 41
北京	51806. 71	51425. 87	54116. 06	61279. 82	56895. 76	75344. 41	80353. 85
天津	20178. 79	23790. 83	24142. 92	26957. 01	21724. 18	24969. 25	25468. 68
河北	14659. 43	14019. 57	13305. 20	16831. 03	18000. 21	19293. 40	19697. 20
山西	13893. 26	16201. 30	13503. 50	16531. 29	15987. 16	18139. 62	20795. 35
内蒙古	20349. 42	20237. 43	24759. 91	30421. 92	30077. 79	30091. 49	28026. 00
辽宁	22728. 41	20632. 54	17719. 90	18579. 44	18207. 21	20658. 69	20674. 97
吉林	23489. 51	18675. 10	16066. 18	22037. 84	19572. 57	21266. 47	23917. 72
黑龙江	17925. 63	17436. 86	17623. 14	19775. 58	18723. 32	19711. 39	20301. 50
上海	23918. 32	37176. 10	52305. 72	42677. 38	49439. 67	48979. 24	46777. 30
江苏	19416. 71	19957. 84	21626. 84	22261. 46	23817. 58	25927. 13	28003. 74
浙江	22193. 13	22180. 96	24582. 70	27088. 67	28729. 43	29627. 10	29700. 89
安徽	14651. 93	11569. 27	11646. 27	14673. 91	16473. 77	20151. 32	21444. 93
福建	15771. 15	16636. 39	16882. 08	22974. 23	19820. 29	24882. 32	28725. 70
江西	13971. 31	15658. 09	14247. 49	17611. 18	14564. 99	15886. 50	18624. 37
山东	14371. 73	15411. 41	15684. 64	16547. 60	15922. 77	17148. 54	18697. 68
河南	11828. 09	12403. 87	12953. 55	14928. 08	15276. 69	17584. 77	19520. 38
湖北	16525. 36	15368. 32	13395. 16	18825. 80	19776. 17	21022. 74	22198. 13
湖南	14310. 45	14443. 91	16164. 91	14699. 55	18247. 31	20014. 81	20949. 83

续表6-6

省级行政区或计划单列市	2012 年	2013 年	2014 年	2015 年	2016 年	2017 年	2018 年
广东	16528. 78	15745. 10	18463. 65	21307. 94	22263. 35	25611. 45	28523. 12
广西	14279. 68	16343. 30	17523. 17	21036. 50	19337. 77	21555. 77	21992. 26
海南	22766. 55	17425. 70	22338. 42	24832. 51	23799. 33	30996. 66	36737. 26
重庆	21177. 41	19496. 72	16821. 89	18341. 04	24393. 79	22417. 12	23656. 75
四川	16777. 47	16716. 38	15298. 23	18012. 08	18153. 22	19658. 65	23388. 72
贵州	14163. 03	13634. 11	13425. 30	15667. 85	18477. 43	20423. 79	18587. 19
云南	22233. 79	17545. 48	16822. 86	19938. 86	20119. 12	19897. 78	20680. 83
西藏	19731. 97	32351. 76	32335. 68	33116. 67	30582. 51	27219. 19	68307. 10
陕西	16258. 47	16811. 62	17067. 62	17976. 45	18818. 72	19722. 60	21623. 26
甘肃	14340. 97	14038. 35	13542. 42	28098. 09	29052. 42	34261. 20	30954. 64
青海	15390. 12	17190. 90	23867. 68	26688. 34	31600. 04	30622. 13	50527. 99
宁夏	28796. 00	17606. 77	18830. 01	29429. 90	28263. 38	24507. 48	29354. 69
新疆	14292. 85	19710. 53	19616. 16	28012. 02	26003. 96	23953. 23	24856. 09
大连	16860. 77	—	18823. 15	21516. 91	19704. 02	21193. 93	20500. 95
宁波	51806. 71	—	32002. 79	32252. 75	37923. 54	29475. 46	33129. 51
厦门	20178. 79	—	26237. 65	33841. 92	26938. 19	31946. 63	51488. 04
青岛	14659. 43	—	20998. 68	23292. 96	28125. 26	27416. 66	32657. 07
深圳	13893. 26	—	37684. 51	40092. 30	42757. 70	60984. 27	64194. 74

数据来源：2013—2019 年《中国教育经费统计年鉴》。

表 6-7 我国 2012—2018 年生均公共财政预算教育经费支出统计

（地方普通高职高专学校）

单位：元

省级行政区或计划单列市	2012 年	2013 年	2014 年	2015 年	2016 年	2017 年	2018 年
合计	10107.84	9976.97	10155.61	12772.42	13269.62	15055.62	15792.01
北京	44947.81	40425.80	46163.89	57388.92	49343.01	61403.22	66763.65
天津	10689.24	13892.70	16031.32	19554.52	13710.22	16016.14	16708.62
河北	8306.26	7511.42	7495.71	10154.62	11169.06	13859.09	14019.00
山西	8548.94	10703.06	7525.17	8091.42	8872.50	12227.08	12679.66
内蒙古	14576.14	14846.16	16431.24	19088.84	19772.01	20546.06	19226.38
辽宁	15461.00	12667.14	10462.64	10464.51	10353.86	12211.25	12729.80
吉林	19327.06	9513.85	8731.67	14053.37	13702.23	15250.21	16803.31
黑龙江	11471.82	10238.40	10633.52	13382.50	11605.30	13301.57	13467.01
上海	10995.36	21987.24	25501.34	24990.08	35996.98	38712.82	37519.77
江苏	11159.80	12486.99	12885.24	14823.07	16130.75	17333.91	18687.63
浙江	10065.41	10586.71	12026.61	14444.36	14715.59	14533.74	15346.19
安徽	9280.07	6042.86	5906.88	9706.40	11965.51	14309.01	16206.25
福建	7902.84	7069.50	7716.66	11545.28	12382.89	16741.17	17719.67
江西	9410.41	10311.31	9006.32	11959.29	11055.92	12244.17	14384.28
山东	8494.63	8951.37	9574.27	10246.79	10493.91	11837.99	12843.67
河南	6202.28	6429.80	6622.12	9742.11	10330.74	12579.18	13452.37
湖北	7244.31	8762.00	7366.36	12575.25	14612.94	14889.76	15005.32
湖南	9155.40	9653.38	9501.92	8938.51	10661.84	12930.58	13602.82

续表6-7

省级行政区或计划单列市	2012 年	2013 年	2014 年	2015 年	2016 年	2017 年	2018 年
广东	10432. 87	10111. 81	10374. 25	13532. 50	14742. 36	16897. 50	18368. 13
广西	7104. 44	7429. 05	9282. 78	12835. 53	11732. 28	14191. 14	12733. 37
海南	15067. 15	11023. 09	11753. 88	15641. 26	13771. 63	17764. 94	25020. 87
重庆	11937. 59	10534. 07	7673. 59	10637. 27	12732. 31	13641. 36	13473. 16
四川	10692. 72	10360. 98	9986. 45	12190. 27	11661. 89	13776. 59	14338. 68
贵州	9102. 55	7921. 49	9808. 16	10284. 44	11544. 11	14658. 96	13453. 51
云南	16260. 76	11142. 34	10169. 42	12821. 91	13890. 74	14820. 13	14424. 64
西藏	17589. 72	28411. 68	31227. 45	33698. 60	30757. 94	32021. 06	41061. 11
陕西	8667. 59	10206. 10	11003. 61	11705. 93	12008. 63	12864. 95	13734. 79
甘肃	7456. 58	7034. 94	7721. 04	19475. 91	19923. 86	24661. 33	23345. 21
青海	10848. 32	11978. 54	16931. 46	15357. 58	25444. 07	23778. 28	40988. 65
宁夏	17644. 31	11735. 89	11622. 16	20155. 06	19921. 44	17248. 04	20743. 07
新疆	10545. 22	13456. 08	12192. 62	18436. 90	18962. 05	17617. 73	19857. 96
大连	—	—	11060. 68	16332. 29	12867. 11	11026. 71	12405. 02
宁波	—	—	13563. 47	22099. 31	24777. 79	16627. 12	18891. 10
厦门	—	—	16563. 97	19309. 77	22091. 40	22122. 77	22724. 17
青岛	—	—	14613. 82	18185. 16	17881. 41	15371. 18	14397. 78
深圳	—	—	23882. 72	26211. 31	28989. 28	34814. 03	34837. 69

数据来源：2013—2019 年《中国教育经费统计年鉴》。

2018 年生均教育经费支出排在前十名的省级行政区或计划单列市分别是北京、西藏、深圳、厦门、青海、上海、海南、宁波、青岛、甘肃；排在后十名的是贵州、江西、山东、河南、河北、黑龙江、大连、辽宁、云南、山西。2012 年生均教育经费支出排在前十名的是北京、宁波、宁夏、上海、吉林、海南、辽宁、云南、浙江、重庆；排在后十名的是河南、山西、深圳、江西、贵州、广西、新疆、湖南、甘肃、山东。其中北京、上海、海南、宁波，这两年都是排名前十位；贵州、江西、山西、河南这四个省份，这两年都是排名后十位。

生均公共财政预算教育经费支出，2012 年，排名前十位的分别是北京、吉林、宁夏、西藏、云南、辽宁、海南、内蒙古、重庆、黑龙江；排名后十位的分别是河南、广西、湖北、甘肃、福建、河北、山东、山西、陕西、贵州。2018 年，排名前十位的省级行政区或计划单列市分别是北京、西藏、青海、上海、深圳、海南、甘肃、厦门、新疆；排名后十位的省级行政区或计划单列市分别是大连、山西、辽宁、广西、山东、河南、贵州、黑龙江、重庆、湖南。这两年生均公共财政预算教育经费支出都排在前十位的分别是北京、西藏、上海、海南、宁夏；都排在后十位的分别是贵州、河南、山东、广西、山西。

全国普通高职高专学校生均教育经费支出地方差异非常大，2018 年，最高的是北京市 80353. 85 元，最低的是贵州省 18587. 19 元，北京市约是贵州省的 4. 32 倍。生均公共财政预算教育经费支出北京市是 66763. 65 元，大连市是 12405. 02 元，北京市约是大连市的 5. 38 倍。生均教育经费支出地方差异是由生均公共财政预算教育经费支出决定的。

6. 3 我国高职高专学校教育经费分担模式的优缺点

我国高职高专学校教育经费分担模式的优缺点主要体现为：

(1)我国普通高职高专学校教育经费分担多元化格局已经形成。虽然国家财政性教育经费比例逐年增加，但地区差异很大。这主要是由于各个地区经济发展的水平差异大，对高等职业教育的重视程度不一样。我国高等职业教育在发展过程中，逐步形成了鲜明的办学特色、明确的办学目标。随着我国经济的发展，在全面建设社会主义现代化国家的新征程中，高等职业教育是我国高等教育体系和人力资源开发的重要组成部分，高等职业教育应该直接为地方产业服务，根据地方产业结构的需要培养各级各类高质量技术技能型人才，既促进地方经济的发展，也帮助高职院校实现自身的良性运转。为了促进高等职业教育与地方经济的良性互动，各个省市要加大对高等职业教育经费的投入，以提高高等职业教育人才培养质量，同时，中央财政也要做好调配工作，对经济不太发达省份得有专项的经费预算，以减少地区之间的差异。

(2)社会捐赠是高等教育成本分担的重要途径，对高等职业教育成本分担也一样意义重大，对高职院校的生存和发展都有着积极、重要的作用。目前，社会捐赠所占比例较低，还有很大的提升空间。由于高职院校的规模和社会知名度都不大，难以吸引社会捐赠者的关注，学生毕业后的成就也远远低于名校，校友捐赠的金额非常少。要提高高职院校获得社会捐赠的金额，需要政策的支持，应该出台一些相应的政策，鼓励企业对高职院校捐赠。另外，高职院校要利用自己的专业特色和人才培养模式，用订单式培养、现代学徒制，以及顶岗实习等项目吸引企业捐赠资金或教学实训设备等，或者向学校提供实习实训基地、提供高质量的实习实训指导老师。再者，在人才培养过程中，要提高人才培养质量，在教育管理过程中，要提高三全育人质量，用高质量的人才带动高质量的就业，高质量的就业提升学校在企业中的认可度，以此带动企业向学校捐赠，以促使学生反哺学校，实现让学生以学校为荣，学校以学生为荣的良性循环。

(3)民办学校中举办者经费投入金额不高。高等职业教育人才培养具有短、平、快的特点，且人才培养注重职业性，企业可以结合自身发展的需要和人才缺口，充分发挥资源技术设施优势，举办高等职业院校，培养本行业急需的人才。如湖南三一工业职业技术学院，这是由三一集团在长沙设立的经湖南省政府批准、教育部备案的全日制五年制职业学院。采取校企联合办学模式，由企业向学校投入一定经费，而学校协助企业做好职工培训、技术升级和改造、咨询服务等工作。另外，企业还可以为学校设立实习实训基地、顶岗实习岗位。试行股份制办学模式改革，以股份制形式取得社会资本使用权，高职院校可以成立由多家企业组成的董事会，在管理上，实行董事会领导下的校长负责制，将学校的所有权和管理权分开来，在校企双方互利共赢的基础上，促进学校和企业的共同发展。

2014 年《国务院关于加快发展现代职业教育的决定》指出，引导企业、社会加大投入。制定积极政策，通过以奖代补、购买服务、金融支持等多种方式，鼓励行业、企业和社会筹措资金参与举办职业教育，开发课程、教材等优质教育资源。2015 年教育部颁布的《高等职业教育创新发展行动计划(2015—2018 年)》也指出，支持企业发挥资源技术优势举办高等职业院校，按照职业教育规律规范管理。鼓励企业将职工教育培训交由高等职业院校承担，鼓励企业与学校共建共管职工培训中心。支持企业建设兼具生产与教学功能的公共实训基地。规模以上企业设立专门机构(或人员)负责职工教育培训、对接高等职业院校，设立学生实习和教师实践岗位。有了政策的推动，将会有越来越多的企业与高职院校直接合作，共同促进当地经济发展。

(4)学费所占比例稳步下降，大学生资助体系较完备。学费是学生个人和家庭对高等职业教育的投资，也是基于一定的目的和收益的投资。在高等职业学校各专业收费的考量中，涉及政府、高等职业院校、学生及其家庭三方。随着高等职业教育在我国的普及，以及录取要求的降低，学生的择校主动性将有所增强，各个学校和各个专业的学费也成为学生择校的主要影响因素。因此，在制定学费标准时，要考虑学校所在城市的经济情况、所学专业将来的就业情况和收入情况。学生在报考学校和专业时，也会考虑学校的地理位置，一般来说经济较发达的地区，学生毕业后更好就业，工作后的待遇也更高，因此，如果学校所在地的地理位置较好，学费相对较高，也有学生愿意选择。学生也会根据自身家庭经济条件选择学校和专业，毕竟同一个学校，不同专业的学费相差一倍以上的也不在少数。在学生资助方面，高等职业学校的学生享受的贷款政策和国家奖助学金政策与高等教育学校的学生一样，这样能缓解部分家庭经济困难学生的经济压力。

(5)企业办学中的企业拨款、校办产业和社会服务收入较低，还有很大提升空间。高职教育的改革方向之一是办学主体多元化，鼓励各大企业以各种形式参与到办学中来。高等职业教育的职业性和面向就业的特点，以及在教学过程中实习、实训、顶岗实习环节较多的特点，可以在人才培养模式上实行产学研训一体化教育。产学研训一体化教育模式是产业部门即企业或者行业与高职院校在协同育人方面遵循平等互利的原则进行优势互补式的合作，是一种将高职院校的教育资源和教育环境与行业、企业等的工作环境和条件相结合，把以课堂传授间接知识为主的教育环境与直接获取实际经验和能力为主的生产现场环境有机结合起来。将学生的学习特别是实训教学环节与企业、行业的生产环节相结合，将企业的研发与学校的教学相结合、将企业员工培训的部分工作交给学校承担。高职院校还可以根据专业设置的需要，办一些产业，将实训课程与产业相结合。在高等职业教育体制和教学改革不断深入的趋势下，在高职院校职业性的定位以及高技能人才培养目标的指引下，企业办学拨款、学校自办产业收入和社会服务收入将会有大幅度提高。

第 7 章

我国高等职业教育成本分担模式的构建

第 3 章横向比较分析了国际上三个有代表性的国家的高等教育成本分担状况。美国的高等教育管理体制是分散型的，其高等教育成本分担模式是一个典型的多元化筹集资金的模式，高等教育成本由政府拨款，学生及家长缴纳学费，高校承担项目或提供服务所得款项，企业、基金会、校友捐赠等几个主体共同承担。虽然不同的学校，这几个方面所占的比例有很大差异，但这些主体的作用都不可忽视。印度是一个联邦制国家，高等教育由中央政府和地方政府共同领导和管理，且中央和地方的职责明确，高等教育主要由中央政府和地方政府财政拨款，其中政府拨款占高等教育总经费的 70%～80%。日本是亚洲国家中最早实现高等教育大众化的国家，在 20 世纪 90 年代末，已达到大众化水平。日本高等教育的迅猛发展，不是政府加大高等教育财政投入的结果，而是私立大学和私人投资起了至关重要的作用。日本的公立大学主要由政府拨款，政府拨款占总经费的 80%以上；私立大学占日本高校总数的 80%左右，其中 70%的经费来自学生及家长缴纳的学费，因此日本私立高校的学生及其家长是高等教育成本的最大承担者，这与日本经济发达、居民支付能力强有关。

第 4 章纵向分析了我国从 1949 年到现在的高等教育成本分担模式。我国高等教育成本分担模式由 1949 年以后完全由政府承担所有高等教育成本的模式逐渐过渡到了由政府、学生及其家长、高校事业及服务收入和社会各界捐赠等多主体承担高等教育成本的模式，现在高等教育成本分担多元化格局日趋完善，促进高等教育成本分担规范化的政策文件比较完备。但目前主要是把政府财政承担的部分转嫁给学生及其家长，其他主体承担的部分并不是很多，学生及其家庭承担的费用逐渐稳定并有小幅度上升的态势，各项学生资助政策，特别是学生助学贷款、国家奖学金、国家励志奖学金和国家助学金政策不断完善，在一定程度上缓解了学生及其家庭的经济压力，对高等教育公平起到了促进作用。

第6章分析了我国高等职业教育在校生数突破千万后的成本分担状况。我国普通高职高专院校高等教育经费分担与补偿多元化格局已经形成，国家财政性教育经费比例逐年增加，超过普通高等学校教育财政拨款比例，但地区差异很大。由于各个地区经济发展的水平差异大，财政收入和对高等教育的拨款金额不同，加之对高等职业教育的重视程度也不一样，地区之间的高等职业教育经费和财政负担比例有很大差距。民办学校举办者的投入经费虽然有所增加，但其所占比例仍然不高。社会捐赠经费所占比例则逐年下降，且低于普通高等学校中社会捐赠经费所占比例。学费所占比例很高，但在逐步下降，大学生资助体系不断完善；生均教育经费逐年提高、地区差异显著。

在此，本章试图构建一种适合我国的高等职业教育成本分担新模式。在该模式中，政府、学生、家长、企业、高校和社会捐赠者根据自己的能力及实际情况来分担高等职业教育成本。

7.1　我国高等职业教育成本分担主体

在前面的分析中，约翰斯通把高等教育成本分担的主体分为：①政府、纳税人；②家长；③学生；④个人或机构捐助者。同时，约翰斯通认为企业在承担高等教育成本方面也起了一定的作用。企业可以承担部分教学成本，有时还可以承担学生的生活成本。它们承担成本的方式是为企业职工支付学费，向学生授予奖学金，以及向大学捐赠基金。但他认为，企业本身很难说是与学生、家长、纳税人、捐赠者一样的高等教育成本的“最终承担者”，企业在为大学提供资金时，实际上从多方面参与了资金提供。这是他把企业单独列出来而不与前面几个主体并列的原因。高等职业教育成本分担主体也是这几大类。

图 7-1 是根据约翰斯通对高等教育成本理论的分析而得出的高等教育成本分担结构图。该图反映了各主体分担高等教育成本类别的情况。

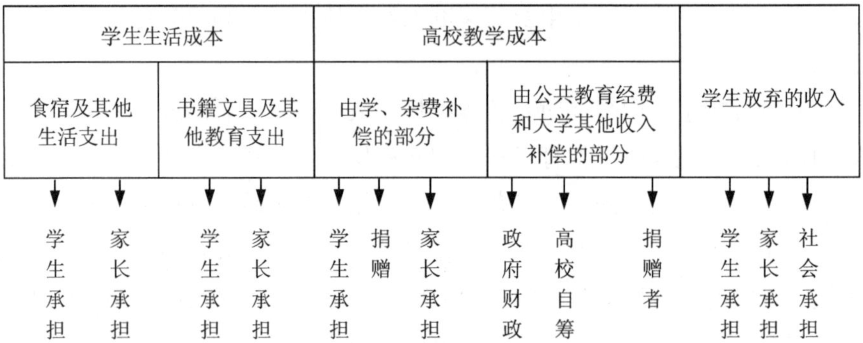

图 7-1　高等教育成本分担结构图

约翰斯通的成本分担理论是根据美国的情况提出的。该理论在我国有一定的适用性，但我国的实际情况与美国有较大差异，因而成本分担主体、各主体分担哪类成本及分担比例都有一定差异。图 7-2 是笔者根据我国的实际情况构建的高等职业教育成本分担结构图。与图 7-1 相比较，图 7-2 有以下特点：①把企业作为一个独立的成本分担主体；②学生和家长作为一个主体；③交通费用单独列为学生生活成本的一个组成部分，这是因为我国大学生能获得半价

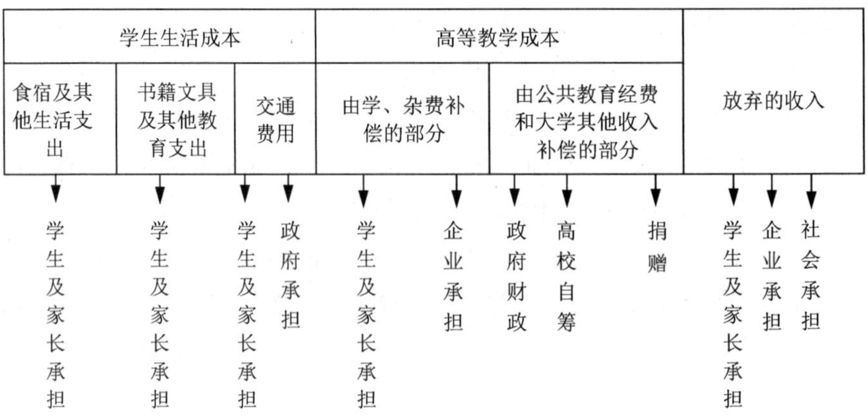

图 7-2　我国高等职业教育成本分担结构图

火车票和飞机票的优惠，即政府分担了部分生活成本。下面具体分析成本分担状况。

1. 政府、纳税人

无论是美国、日本、印度还是中国的各个阶段，政府、纳税人都是高等教育成本最主要的分担者，虽然不同的国家、不同的时期政府分担高等教育成本的比例有较大差异，但其地位是不变的。美国的公立高校，政府拨款一般占总经费的 50.00%以上；对于私立高校，20 世纪 90 年代后政府拨款一般占总经费的 17.00%左右。日本政府对公立、私立大学的拨款比例有很大差异，政府对公立大学的拨款一般占总经费的 80.00%，对私立大学的拨款比例则在 25.00%左右。对于印度，无论是公立大学还是私立大学，其办学经费主要来自政府，一般占 70.00%以上。自 1949 年以来，我国政府投资高等教育具有以下特点：政府承担全部高等教育经费(1949—1984 年)；政府拨款所占比例逐渐下降，从 20 世纪 80 年代中期的 90.00%以上一直下降到 1997 年的 66.12%；1998 年以后，政府投资比例继续下降，2002 年已经低于 50.00%，接下来几年下跌后再逐年上涨，到 2010 年超过了 50.00%，2018 年已经达到 62.82%。高职院校财政性拨款所占比例从 2013 年后逐年上涨，2018 年达到 65.30%。

政府主要承担教学成本，同时我国政府还承担学生生活成本中的部分交通费用，学生往返学校的火车票享受一定优惠；对贫困学生减免学费和发放助学金，设立国家奖学金、国家励志奖学金，也是政府承担的高等职业教育成本。

目前，国际上的趋势是：政府作为国家公共利益的代表，承担大部分公共事业经费，各国对高等教育事业的投资也是不遗余力。大部分学者认为，解决我国高等职业教育经费短缺、提高高等职业教育质量的根本出路在于确保与增强政府教育投入，笔者的设想是将高等职业教育财政性经费比例提高到 70%左右，因为高等职业教育比普通高等教育的社会收益率高，政府应该多承担。

2. 学生及其家长

在我国，学生不能作为一个单独的成本分担主体，我国的大学生经济能力低。由于我国劳动力资源丰富，大学生勤工助学和兼职的机会不多，且兼职收入也很低；目前我国大学生资助政策已经逐步完善，学生获得贷款的难度也相对较小，但是贷款上学的学生比例仍然不高。因此，学生负担学费的能力很低，基本是靠家长。在学生自身收入很低的情况下，学生及其家长只能看成一个主体。

学生和家长主要分担学生的生活成本和学费。学生及其家长承担的成本中只有学费才反映在学校支出账目上，关于学生及其家长承担高等职业教育成本的比例，也仅是指学费所占的比例。

从1997年以后，我国高校学费基本处于上涨状态，2002年学费占高等教育总经费的比例已经达到26.94%。2012年高职院校学费比例达到32.86%，2018年为24.82%，全国生均学费达到5000元以上。由于现在生活水平较高，食宿费用及书籍文具教育费用等也是不能忽略的部分，故将这些费用与学费加起来，每年至少也要2万元。如果说只看学费的绝对数量，我国的学费比很多发达国家都要低，但从支付能力来看，现阶段我国高校学费占人均收入比重高达80.00%(城镇居民)和200.00%(农村居民)，而美、日、德、韩等国高校学费仅占人均国民收入的20.00%。①

高额的学费及食宿费给许多学生和家庭带来了沉重的负担，影响了一部分学生的学习和生活。但食宿费用不太可能降低，因而降低学费就是减轻学生及其家庭负担的主要途径。

笔者认为，在我国，学费占高等职业教育总经费的比例控制在20.00%以下比较合适。目前学费中高于20.00%的那一部分应由政府和企业等其他主体补偿。

3. 企业

企业是高等职业教育的最大受益者，高等职业学校培养的高素质技能型人才，绝大部分是进企业工作，为企业创造收益。根据利益获得原则，企业应该支付一大部分高等职业教育成本；再者，改革开放以后，我国对企业所得的分配已做了很大的改革：1980年以前企业利润全部上缴给国家，1980年以后，实行利税改革，企业利润中的55%上缴国家，其余部分按国家有关规定使用。到1993年颁布新税制，企业只要上缴所创利润的33%，可以留利67%自行使用。这说明我国企业的支付能力是很强的。目前，我国企业还没有单独被列为一个高等职业教育成本分担的主体，企业分担高等职业教育成本的方式主要是

① 王尧基．关于高等教育成本的分担与中国国情[J]．复旦教育论坛，2004，2(2)：29-30.

纳税，再由政府拨款给高等职业教育学校，这是间接承担了高等职业教育成本；或者企业对高等职业教育学校进行捐赠，这是直接分担高等职业教育成本，但企业捐赠数额一般很少，在高等职业教育经费总额中所占比例也微乎其微，2018 年只有 0.10%。

把企业作为一个独立的高等职业教育成本分担者，让其分担部分学费以及其他教学成本。由于高等职业教育的性质和人才培养的特点，可以将学校中一部分实习、实训与企业生产相结合，让企业给学生补助一部分生活费用，给学校提供一部分经费和教学设施设备，从而达到分担高等职业教育成本的目的。总体来说，企业分担高等职业教育总成本的比例(不包括承担学生放弃的成本)可达到 5.00%左右，随着政策和运行机制的完善，该比例将有可能提高。

4. 个人或机构捐赠者

捐赠者包括个人、集团、企业等，捐赠的方式也多种多样。捐赠可以分担高职院校的教学成本，也可以以奖学金的形式分担学生的生活成本和学费。我国高职院校接受的捐赠金额较少，从前面的分析得知，捐赠收入所占比例一般在 0.10%左右。在捐赠收入占高等教育总经费的比例方面，美国公立高校一般是 4.00%左右，私立院校在 13.00%~15.00%。提高捐赠收入，是增加我国高校收入的一个重要举措。笔者认为，只要政府和高校共同努力，将我国高校的捐赠收入所占比例提高到 3.00%~5.00%是完全可能的。随着社会的发展，捐赠所占的比例还会继续增长。

5. 高职院校

随着社会的发展，高等教育机构逐渐成为社会的中心，高校也成为高等教育成本的一个重要分担者。高校主要通过校办企业、科研成果转让和为社会提供再教育和培训这三方面获得收入。美国高校销售与服务的收入一般占 22%~23%；日本公立大学学校事业收入很少，私立大学事业收入一般占 23%以上；印度高校事业收入都低于 10%。我国在实施改革开放政策以后，高校自主权不断加大，高校事业收入也不断增加，1998 年以后，高校事业收入占 18%左右，不过主要是来自学费。高校是一个从事学术研究的机构，在不影响正常教学和科研的情况下，为社会提供服务、从事科研有利于提高高校教师的教学和科研能力，举办校办企业有利于高校科研成果直接转化到生产中。

高职院校国家财政性教育经费中校办产业和社会服务收入用于教育的经费比例，还有很大的挖掘潜力。高职院校的课程实习、实训和顶岗实习等教学环节可以在校办产业中进行，也可以将学校为外界提供的社会服务项目相结合，既能提高学生和老师的技术技能，又能提高学校的收入和教学水平。

高职院校创收是一个与教学相结合的过程，主要是为了促进学校和学生的发展，提高学校的办学水平，提高人才培养质量，达到高职院校高技能型人才培养的目标，而不应该给它设定一个创收目标限制。

7.2 我国高等职业教育成本分担政策

上面分析了我国成本分担主体分担高等职业教育成本的状况。要实现这一模式，需要一定的法律政策保障，这里主要探讨以下几个方面的法律政策。

1. 关于提高政府财政性高等职业教育经费的政策

提高国家财政性高等教育经费主要是依靠国家法律法规来调整。现在我国教育经费分配主要倾向于义务教育阶段，高等教育经费缩减，高等教育经费分配也不均等，经费主要投向学术水平高、知名度大的学校，高等职业教育学院的经费相对较低。

要提高财政性高等职业教育经费，主要是要提高我国财政收入。我国的财政收入占 GDP 的比重较低。21 世纪以来，我国财政收入占 GDP 的比重有所提高，但 2002 年和 2003 年仍不到 20%，直到 2009 年，其比例达到 20.12%，2018 年达到 20.37%。目前国际上的趋势是，大部分国家都在提高政府财政收入占 GDP 的比重，由政府作为整个社会公共利益的代表，通过一系列公共政策对社会的生产和生活进行再调节。2020 年，我国人均 GDP 超 1 万美元。从世界各国的财政收入数据可推断出：我国财政收入占 GDP 的比重提高到 25%左右，也是可行的，这也应该是我国财政政策发展的趋势。如果我国的财政收入占 GDP 的比重提高到 25%左右，特别是地方财政，那么将政府财政性高等职业教育经费所占高等职业教育总经费的比例提高到 70%左右是完全可能的，也不会影响政府对其他公共事业的投资份额。制定相关的税收政策，提高税收占 GDP 的比重，是提高税收总金额、加大财政性高等职业教育经费主要的途径。

大部分高等职业院校主要是归属于各个省(区、市)管理，财政拨款由中央和地方财政拨款，且以地方为主。由于各个省、自治区、直辖市的经济状况不一样，地方普通高职高专学校生均教育经费支出和地方普通高职高专学校生均公共财政预算教育经费支出统计差距非常大。各个省、自治区、直辖市之间生均公共财政预算教育经费支出的差距比生均教育经费支出差距大，这说明要缩小高职院校经费收入差距，要提高高职院校教育经费和教育质量，都需要调节高职教育经费财政拨款。

2. 关于捐赠的政策

捐赠是一种自愿的行为，虽然政府不能采取强制性措施，但可以制定一些鼓励、保护和支持的法律法规。美国高校的捐赠收入很高，与其完善的法律法规有很大关系。美国联邦政府和州政府很久以前就为教育捐赠制定了一整套的法律及配套措施，为捐赠提供了完备的法律依据，其中包括对教育捐赠的定位、保护、支持和鼓励。近年来对这些法案又不断加以修订和补充。2002 年"财经法"(Finance Bill 2002)中第 96 条和第 97 条分别对不动产捐赠和捐赠中的个人所得税优惠政策做出了详细的司法解释。2003 年个人所得税法修正案(Income Tax Amendment Bill)第 27 条对私人捐赠也做出了补充和修改。美国政府对教育捐赠的支持主要体现在：①配套资金法规措施。配套资金是政府对个人捐赠提供一定比例的配套资金以刺激捐助者，此配套资金算在个人捐赠者名下。不同用途的捐赠将会获得不同比例的配套资金。②税法优惠政策。美国政府在个人所得税法方面也为捐赠制定了一系列的优惠政策以激励捐赠。整个税法系统极为复杂。以不动产捐赠的个人所得税优惠政策为例，若某人将市价为 12.5 万美元的不动产出售，得上缴 20%的个人所得税 2.5 万美元，只能获利 10 万美元；相反，如果他将这笔财产捐赠给学校，他可以将这笔税收优惠回扣分三年在自己的个人所得税中抵消：第一年 4.5 万美元，第二年 4.5 万美元，第三年为剩下的 3.5 万美元。这样一来，他既有了慈善家的美名，经济上又有了切实的回报①。

我国制定了相关法律法规来规范教育捐赠和高校教育投资体系。1993 年

① 孟东军，陈礼珍，张美凤．中美大学教育捐赠管理比较研究[J]．中国高教研究，2005(7)：36.

的《中国教育改革和发展纲要》，1995 年的《中华人民共和国教育法》，1998 年的《中华人民共和国高等教育法》，1999 年的《中华人民共和国公益事业捐赠法》，都支持采取社会捐集资等多种渠道筹措教育经费。但是高等教育事业捐赠中却没有具体税收优惠政策，这将严重阻碍我国教育捐赠事业的发展。现在国内开展的劝募活动很少，甚至有一些捐赠意向在商洽的过程中因无法得到法律法规和税收等优惠政策支持而中止。2004 年 6 月 1 日《基金会管理条例》开始实施，这对我国教育捐赠事业和严重缺乏经费的高等教育是个喜讯。

《基金会管理条例》指出，基金会是指利用自然人、法人或者其他组织捐赠的财产，以从事公益事业为目的，按照本条例的规定成立的非营利性法人。基金会及其捐赠人、受益人依照法律、行政法规的规定享受税收优惠。关于捐赠的税收优惠：企业纳税人用于公益、救济性的捐赠，在年度应纳税所得额 3%以内的部分，准予扣除；个人捐赠额未超过纳税义务人申报的应纳税所得额 30%的部分，可以从其应纳税所得额中扣除①。2007 年《中华人民共和国企业所得税法》对企业捐赠扣税做了明确规定，为鼓励企业捐赠从法律层面做了支持。2009 年 10 月出台的《中央级普通高校捐赠收入财政配比资金管理暂行办法》，开创了政府在政策中鼓励高校争取获得捐赠收入提供公共财政奖励的先河，调动了高校的积极性。2011 年《财政部 教育部关于改革完善中央高校预算拨款制度的通知》中的条款规定，更能激励高校积极向社会筹集捐赠资金。从我国与美国的捐赠优惠政策来看，我国对捐赠者的优惠程度比较低，有些捐赠者只愿意捐赠能够从税收中减免的部分，这是限制个人和企业捐赠的瓶颈。要提高社会捐赠金额，一定要制定相应的法令条例，保证捐赠者的利益，给捐赠者一定的荣誉并提高优惠的份额。目前向高校捐赠，主要是大企业、大集团和社会名人，捐赠也主要是面向名校和母校，由于高职院校毕业生就业去向主要是中小微企业，制定相应的奖励方法激励中小微企业和个人向高职院校捐赠将是提高高职院校获得捐赠的重要途径。

3. 大学毕业生税

大学毕业生税(graduate tax)最早是由美国著名经济学家弗里德曼倡导的，

① 慈善捐赠税收优惠政策 . [EB/OL]. [2006-04-14]. http：//www. sd. gov. cn/art/2005/11/21/art_8825_ 6. html.

他提出政府应该为大学生提供一定经济资助，帮助学生完成学业，学生毕业后从其个人收入中提取一定比例，偿还他们从政府得到的资助资金。由于学生偿还政府的资助资金与他所缴纳的个人所得税是结合起来的，因而不需要再额外支付行政管理费用①。弗里德曼所说的大学毕业生税实际上是一种回收学生学习期间贷学金的方案。之后有多位学者对大学毕业生税的可行性进行了研究。1972 年，耶鲁大学曾试行了两年类似于大学毕业生税的做法，即学校可以提供贷学金，使学生可以暂时不付学费或不付部分学费，学生每借 1000 美元，其毕业后则每年从收入中提取 0.4%来偿还他们的贷学金，借 1 万美元就提取 4%，直到还清为止②。考尔克劳夫在考虑公平的基础上，对非洲十几个国家进行研究的结果是：助学金加大学毕业生税是优于学费加贷学金的资助方法，他提出的具体做法就是，大学生上学期间由政府向他们提供助学金，毕业后按工资收入比例(如 10%)向大学生收取毕业生个人收入税③。美国经济发达，大学生就业容易，大学生需要缴纳大学毕业生税不会影响他们的择业。非洲国家经济落后，人们对高等教育的支付能力有限，受过高等教育的人的收入也远远高于没有受高等教育的人，因而政府为学生支付高等教育成本，再由高额的大学毕业生税来回收成本是完全可行的，也有利于调节社会收入差距。

我国实行大学毕业生税，其具体措施要适合我国的经济状况和高等教育情况。改革开放后，我国经济发展非常快，人们的经济水平得到了很大提高，具有支付一定高等教育成本的能力。同时，我国高等教育扩展速度非常快，接受高等教育的人越来越多，这给大学生就业带来了一定的压力，大学毕业生就业难、待遇低已经是严峻的事实。如果贷款学生需要缴纳大学毕业生税而不贷款的毕业生不用交的话，则会给贷款的学生带来一定的就业劣势。在我国，大学生缴纳一定的学费，适当地补偿高等教育成本，同时每个大学毕业生在一生的工作中都按其收入缴纳一定的税收作为大学毕业生税。当然，这个税收的比例应该是很低的(1%~2%)。因为一生都要缴纳，即使比例很低，其总额也会比较高了，如按收入的 1%的比例收取大学毕业生税，假设一个大学毕业生一生

---

① 米尔顿·弗里德曼．弗里德曼文萃[M]．高榕，等译．北京：北京经济学院出版社，1991.

② 张民选．理想与抉择——大学生资助政策的国际比较[M]．北京：人民教育出版社，1998.

③ Christopher Colclough. Raising Additional Resources for Education in Developing Countries：Are Graduate Payroll Taxes Superior to Student Loans?［J］. International Journal of Educational Development，1990，10(2-3).

的平均月收入是6000元，一年12个月，一生工作30年，则这项收入就有6000×1%×12×30=21600元。目前我国高校学费每年平均为5000元，四年总共2万元，21600元的大学毕业生税相当于大学四年的学费。笔者认为，在我国采取相应的大学毕业生税政策，让大学毕业生工作后按照一定比例缴纳毕业生税时，大学毕业生缴纳的毕业生税比例应该不高于1%；同时，企业雇佣大学生也要缴纳大学毕业生税，缴纳金额与大学毕业生所缴的相等。这种税收跟个人所得税一起缴纳，不需要额外的管理费用，并指定这些收入只能用于高等教育领域。

由于高等职业教育的社会收益率高于普通高等教育的社会收益率，职业教育还肩负着乡村振兴和服务现代农业、先进制造业、现代服务业、战略性新兴产业的重任。因此，高职院校毕业生采用大学毕业生税的方法，更有利于促进社会公平和体现"谁获益、谁付费"的原则。

4. 关于学分制和收取学费的政策

笔者认为，要降低学费水平，学费按学分收取，并把学费分成考试费和教学费。我国大部分高校都实行学分制，政府和高校也应该推出按学分收取教学费和考试费的相关政策，学生选择其他学习方式，则只需交纳该门课程的考试费，考试通过了就能获得该门课程的学分，这样可以减轻部分学生的学费负担。在学分制条件下，学生的修业年限应该有一定弹性或者没有时间限制，大学生如果因为经济条件不允许，可以中途去工作一段时间，以后再继续学习，这样既可以减轻学生家庭的经济负担，又不至于让学生失学；学生也可以在考上大学后，边工作边学习，再根据需要利用一段时间到学校集中学习实践课程。这样，企业就可以为学生分担一部分教学成本和生活成本，减轻学生的学费负担，同时还可以补偿部分因上学而放弃的收入。

《国家职业教育改革实施方案》指出，加快推进职业教育国家"学分银行"建设，从2019年开始，探索建立职业教育个人学习账号，实现学习成果可追溯、可查询、可转换。有序开展学历证书和职业技能等级证书所体现的学习成果的认定、积累和转换，为技术技能人才持续成长拓宽通道。职业院校对取得若干职业技能等级证书的社会成员，支持其根据证书等级和类别免修部分课程，在完成规定内容学习后依法依规取得学历证书。对接受职业院校学历教育并取得毕业证书的学生，在参加相应的职业技能等级证书考试时，可免试部分内容。从2019年起，在有条件的地区和高校探索实施试点工作，制定符合国情的国家资历框架。“学分银行”政策的完善和实施，使高职院校采用弹性学制和按学分收取费用有据可依，也减轻了操作的难度，同时有利于吸引有工作经验的社会人员到高职院校进修。

7.3　我国高等职业教育成本分担模式的运作方法

要实现这一高等职业教育成本分担模式，除了需要一定的法律政策保障外，还需要一定的运作方法。本节探讨我国高等职业教育成本分担模式的运作方法。

1. 企业分担高等职业教育成本的运作方法

如何把企业的资金引入高等职业教育领域，这是一个非常重要的问题。如果能让企业承担一部分高等职业教育成本，这将大大减少政府的财政压力和学生及其家长的经济压力。这里主要阐释一种让企业分担高等职业教育部分教学成本的方法。

这是一种由企业出资购买支持课程教学的多媒体教学资源、以网络和数字电视为教学媒体、以高职院校在校大学生和企业员工等一切想接受高等职业教育的人士为服务对象的信息化教学方法。

1) 教学资源

随着2012年MOOC的兴起，在线课程在我国迅速发展。2015年教育部《关于加强高等学校在线开放课程建设应用与管理的意见》中明确提出，要建设一批大规模以在线开放课程为代表、课程应用与教学服务相融通的优质在线开放课程，认定一批精品在线开放课程，且从2017年开始教育部连续进行了两年的国家级精品在线开放课程认定工作。2018年教育部发布《教育信息化2.0行动计划》，明确提出要推出3000门国家精品在线开放课程，建设7000门国家级和1万门省级线上线下高等教育精品课。在教育部对在线开放课程大力推进的同时，2019年国务院发布了《国家职业教育改革实施方案》，也明确提出了要遴选、认定一大批职业教育在线精品课程。

其中的精品课程包括国家级精品课程、省级精品课程、校级精品课程。精品课程都是具有国家级、省级、校级一流教师队伍、一流教学内容、一流教学方法、一流教材、一流教学管理等特点的示范性课程。全国的各级各类精品课程涵盖了大学中几乎所有的专业。但目前我国的精品课程利用率很低，只有少部分有条件的高校将属于本校的精品课程在校园网上免费开放，受益的学生也主要是本校的。因此，高职院校要根据专业、行业和学生需求，大力加强精品在线开放课程建设，并要促进在线课程的共享。

企业可以通过投资来收购全国所有精品课程，将全国各高校的精品课程集中起来，建成一个拥有几千门精品课程的开放体系，并可以聘请老师讲课，把讲课的内容制作成可利用的教学资源；另外，企业还可以根据社会需要不断地增加和更新教学资源。这个拥有丰富的优质教学资源的体系，可以免费为在校大学生和一切想学习这些课程的人士开放，将大大缓解优质教学资源不足的问题。同时，它还可以为高职院校节约一部分教学成本，如师资、教学场地等费用，也为学生节省一些学习时间和降低学费等。

2)教学媒体

据统计，截至2020年12月，中国现有网民规模已达到9.89亿，占全球网民总人数的20%。与此同时，我国互联网普及率已达70.40%，高于全球平均水平[①]。大学里几乎每个寝室都有电脑，都能上网，学校一般有公共的上网设施，覆盖了无线网络，智能手机上网使用频率高于电脑，因而学生在线学习课程非常便利。

除此以外，数字电视也是一个非常重要的传播媒介。2003年我国开始全面推进有线电视从模拟向数字整体转换，并于2015年停止模拟电视播出。人们通过数字电视不仅可以收听收看更加丰富多彩的广播电视节目，享受多样化、对象化、个性化的综合信息服务，最重要的是欣赏方式也由以前被动收看变为自选节目[②]。拥有一台数字电视，就可以选择自己感兴趣的课程学习。

3)分担教学成本的方式

目前，大部分高职院校都实行学分制，政府和高校也应该推出按学分收取教学费和考试费等的相关政策，如果学生选择在网络上学习某门课程，则不需要缴纳该课程的学费，只需缴纳考试费，通过学校的考试就承认学分。在学分

---

① 中国网民逼近10亿，意味着啥?[EB/OL].[2022-01-14].https://www.toutiao.com/a6930387321321849352/?wid=1644217002748.

② 我国推进数字电视产业，2015年停播模拟电视[EB/OL].[2006-04-14].http://tech.sina.com.cn/it/2003-11-24/0753259431.shtml.

制条件下，学生可以选择多种修业学习方式来完成课程，既可以自学，也可以上网课；既可以全日制学习，也可以半工半读，甚至在企业里通过学习和考试或者拿证来互换学分。这样企业就可以帮助学生分担一部分高等教育成本。

高职院校的部分教学环节(如课程实习、实训和顶岗实习等)的教学场所可以由企业提供，教师也可以由企业技术人员担任。如果学生实习的过程中参与了企业生产，创造了利润，企业可以相应地给学生发放部分生活补贴。

4)企业分担教学成本的动力

一般来说，企业投资的目的在于盈利。以上说到让教学资源免费让大学生使用，这就关系到企业的盈利问题。企业在这个项目中如何盈利，是一个非常重要的问题，是企业投资此举的动机。

广告收入。该网站的运营和 SOHU、SINA、腾讯 QQ 等的运营模式一样，可以接受商家的广告业务。由于该网站的用户是知识层次比较高的群体，相应地，这个群体的购买力也比较强，对一些高端产品的需求比较大，因而广告用户大多乐意在此发布广告。广告业务将是一笔不菲的收入。

网上购物。网上购物可以分成两种，一种是购买该企业在网站上的书籍及其他学习资料。这种购物，可以采用购买月卡或年卡的方式，拥有月卡或年卡便能在有效期内任意享用这些学习资源；也可以同时采用邮购实物的形式，用户付费邮购自己需要的书籍和学习资料。另一种是普通购物，也就是其他商家可以在该网站开设店铺。随着科学技术的发展和人们思想观念的转变，网上购物已经成了一个让很多人接受和喜爱的购物方式。这两项购物将会给企业带来丰厚的利润。

教学与生产相结合。人才培养模式采用校企合作和现代学徒制，企业承担教学成本时，部分教学环节可以与生产相结合，在这个过程中，企业可以获得部分利润。

优先聘用毕业生。企业在承担高职院校教学任务时，可以将企业对人才的需求融于教学中，在教学中将企业的理念传达给学生，提高学生对企业的认同感，降低企业到社会上去招聘人才的成本。

约翰斯通认为，企业不能作为一个高等教育成本的最终承担者。在这里，企业也不是成本的最终承担者，而是作为筹集社会资金的中介。图 7-3 描述了这种教学方式中的高等教育成本分担状况。至于这种教学方式能分担多少教学成本，则需要看其完善程度；而完善该教学方式，则需要政府、高校、企业共同努力。这种教学方式也是一种实现全民教育和终身教育，构建学习型社会的途径。

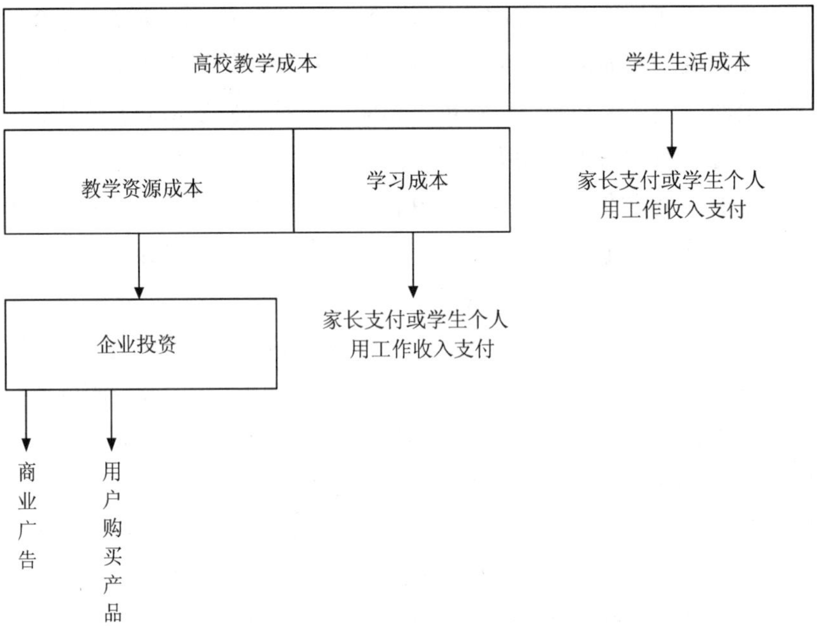

图 7-3 信息化教学中高等教育成本分担状况

2. 高校筹集捐赠的运行方法

高校社会捐赠属于公益捐赠，具有无偿性、非交易性、非行政性、自主决策性和社会收益性等特征。一直以来，我国高校都是等着捐赠者主动向高校提供捐赠，捐赠金额少。美国高校接受的社会捐赠金额多，除了与美国捐赠历史悠久、社会上乐于对高校捐赠外，还主要与其较完善的募捐制度有关。我国高校应该转变观念主动争取社会捐赠，建立募捐机构、成立专门的募捐小组、成立捐赠管理机构，借鉴美国高校争取捐赠的经验，使捐赠活动走上规范化道路。

募捐机构。美国许多大学都建立了学校发展部，由一名副校长亲自负责，由若干名全日制工作人员和志愿者负责日常具体工作。发展部下设有企业集资处、基金会集资处和个人集资处。在管理上实行将募款的总目标分解到各个院系的做法，并根据其完成情况作为分配学校资金的依据[①]。目前我国大学接受捐赠一般是以院系为单位，各院系自主分配捐赠基金。每所大学应该设立专门的筹资办公室负责学校的募集资金活动，以使学校的募集活动有组织、有计划地开展，使各院系的募捐活动和资金统一由筹资办公室管理。募捐工作组的工作人员要积极开展活动，主动向企业或校友劝募。

捐赠管理机构。成立一个专门的管理捐赠基金的机构，大学将所募的资金和捐赠物转化为款项集中起来管理，而后对收益进行使用，尽量不直接使用本金，这就保持了捐赠利益的长远性。对资金的使用要保持高度的透明性，让捐赠者对自己资金的使用途径放心。

3. 高职院校社会服务与销售的运作方法

高职院校在为社会提供教育服务和科研服务时，要注意利用学科优势，并加强科研服务设施建设，提高教师科研水平。开办校办企业和校企合作是比利用科研专利和社会服务筹措资金更快捷的做法。目前，许多大学都有自己的企业或与企业合作的计划，由于经济的发展，一些企业深受科技和教育之益，使企业家投资教育的热情大增。企业也非常愿意与高校合作，以寻求较高的利润。它不仅比转让科研专利获得的经济收入高，而且锻炼和提高了大学老师的教学水平和学生的实践能力，还促进了学校的教学和科研发展。在发展科研服务和举办校办企业时，要注意限度，不要为了获得资金收入，开办与高职院校专业领域无关、人才培养无关的企业。

4. 其他方面的运作方法

政府财政性高等职业教育经费的调节主要依靠法律条例来实现。家长依靠收入和储蓄负担一定的学费和生活成本，学生可以选择在网络上学习以降低学费成本，或边在企业工作边学习，自己负担学费、生活成本。高职院校要依照国家法律，利用校企合作和社会服务获得收入，分担一部分高等职业教育成本；学校要让学生和教师都接受和认可信息化教学方式，并让教师做好相应的辅导答疑工作和学习考核评估工作。

---

① 张继蓉，陈娟．美国高校募款机制及对我国高校筹资的启示[J]．社会科学论坛，2006，2(下)：112.

在以上政策和运行程序的推动下，我国的高等职业教育成本分担模式按以下路径运行：①政府在一定法律保障下，提高国家财政收入，加大政府财政性高等职业教育经费投入。②在一定法律规定下降低学费水平，家长用收入或储蓄为孩子负担学费和生活成本；大学生可以根据个人情况自行选择学习方式。选择网络教学方式，则可以节约一部分学费，或者边工作边读书，自行负担学费和生活费，减轻学习和经济压力；收取一定的大学毕业生税，让所有大学生都用未来收入的一部分支付现在的高等职业教育成本。③企业投资信息化教学，为高校承担部分教学成本，为学生承担部分学费；企业缴纳大学毕业生税，承担高等职业教育成本。④政府出台法律措施，给捐赠者一定的法律保障和优惠措施，高校积极主动争取社会捐赠，并管理好捐赠基金，提高社会捐赠在高等职业教育总经费中的比例。⑤高职院校在做好本职工作的同时，利用本校的学术优势为社会提供服务，从而获得收入，补偿高职院校的日常开支；高职院校要积极配合相关政策，使各项活动能在高校中顺利实施。

高等职业教育成本分担模式是一个动态的过程。对于不同的国家不同的时期，其所表现的特征有很大差异。本章在总结前面各章研究的基础上，借鉴国外和历史的经验，提出了一种适合我国国情的高等职业教育成本分担模式，并对实施这种模式的法律保障和运行方法做了初步探讨。关于实施这一模式的具体法律政策和运行机制，则还需要进一步探讨，需要社会各界的协作努力。

结 语

有关高等教育成本分担理论与成本分担模式以及高等职业教育的发展和高等职业教育成本分担的状况及模式的研究，本书的研究将告一段落。本书通过描述约翰斯通的高等教育成本分担理论，分析其产生的理论基础和在我国的适用性，借鉴美国、日本、印度三国高等教育成本分担模式的状况，探讨我国的高等教育成本分担模式发展历程，分析我国高等职业教育发展的历程和政策导向，以及我国高等职业教育的成本分担现状，最后构建一种适合我国的高等职业教育成本分担模式。通过研究，得出了以下结论：

(1)高等教育成本分担理论诞生于美国，是一个国际通用的理论，在我国有很强的适用性。美国学者约翰斯通把高等教育成本分担主体划分为四大块：①政府或者纳税人；②学生家长；③学生；④个人或机构捐赠者。从成本分担主体的支付能力来看，我国学生的支付能力非常有限，学生与家长应该归为一个主体，大部分是家长为学生支付学费、生活费等；政府是一个最重要的分担主体，在实行成本回收与补偿政策、收取学费的同时，不是要减少政府对高等职业教育的投资，而是要提高政府投资绝对数额和投资所占高等职业教育总经费的比例。在我国目前的财政状况下，提高税收是一种非常有效的途径，平衡各个省、自治区、直辖市对高等职业教育的投资，也是提高高等职业教育财政性经费、促进地方经济发展、缩小地方经济发展差距的手段；目前，社会捐赠在我国只能算是一个高等职业教育成本分担的补充方式，仍有很大的提升空间。

(2)美国、日本、印度三国，在高等教育成本分担实践中各有所长：美国是一个典型的多元筹集高等教育经费的国家，各主体分担成本的比例都不低，高等教育经费筹措多元化是我国高等教育财政改革的方向。尤其是美国社会对高校的捐赠，如果我国高校中的社会捐赠在高等教育经费中所占比例能达到美国的水平，这将会大大减轻政府和学生家庭的教育负担。要赢得社会各界的捐赠，需要政府在政策上的鼓励和支持，同时，高校也要成立专门的管理捐赠基金的机构，在募捐方面，高校要采取积极主动的态度，主动去要而不是等。日本是一个经济非常发达且贫富差距小的国家，日本政府重点投资公立高校，对私立高校则采取高学费的政策。同时，其大学生贷款制度非常完善，因而私立高校高学费政策并不会给求学者带来困难。印度和我国的国情相似，印度高等教育经费筹措的主要特征是，无论公立学校还是私立学校，政府拨款都占绝对地位，我国大部分学者认为解决高等教育经费短缺的根本出路在于确保与增强政府对高等教育的投入。印度有一个专门的拨款机构——大学拨款委员会，并有一个专门的评估队伍，在高等教育经费紧缺的发展中国家，这种高效、合理的拨款机制可以使有限的高等教育资金及时、顺畅地拨到最需要的领域，在一定程度上保证拨款的公正性、公平性和公开性，从而有力地促进高等教育事业的快速发展。因而，印度的拨款机制值得我们学习。

(3)分析我国从1949年起至今的高等教育成本分担发展历程发现，我国的高等教育财政政策基本上是符合我国国情的，但也有一些不足。至20世纪80年代中期，高等教育完全由国家投资，不用交学费也没有社会投资，这一方面符合了当时国民收入低，居民无法承担高等教育费用的国情，保证了高等教育的公平，但另一方面限制了高等教育的规模，造成我国人才稀缺的局面，而此时世界各国都在努力发展教育，增加国民人力资本投资，以人才带动经济发展，日本就是一个非常好的例子。改革开放后，将市场机制引入高等教育领域，实行高等教育成本分担原则，逐步提高学费，高校自创收入的能力也大大增强，20世纪90年代后民办高等教育发展非常快，社会对高校的捐赠也有所发展。随着高等学校全面并轨，所有大学都开始缴费上学，1999年高校扩招，学费大幅度上升，把政府的负担倾斜给了受教育者及其家庭，并在此后的几年中学费一直上涨，在一定程度上影响了教育公平。从书中分析可知，学费再涨的余地不大了。因而，政府和高校寻求新的经费来源将是一个十分紧迫的问题。

(4)分析了我国从中华人民共和国成立至今的高等职业教育发展历程发现，我国高等职业教育的发展是根据我国的经济发展情况对人才的需求，由一系列政策推动发展的。1949 年到 20 世纪 90 年代是我国高等职业教育的酝酿起步阶段，一些专科学校和短期职业大学出现。20 世纪 90 年代初期到 90 年代末期，高等职业教育处在理论探索和办学实践中，相关法律法规的出台确立了我国高等职业教育在高等教育体系中的地位。20 世纪 90 年代，高校招生并轨及扩招，高等职业教育也迎来了大规模扩展时期，高职院校数量、招生数、在校生数，以及学费都迅速提高。2005 年后，在高职院校规模得到稳定发展的同时，各项政策的重点在内涵建设和提高教学质量、推进人才培养模式改革、推动示范性高职院校建设上。2014 年我国高职院校在校生数首次突破千万人，我国的高等职业教育在理论与实践积累的基础上，根据我国的经济发展情况和对高素质技能人才的需求，开始了中国特色高等职业教育发展模式构建时期。

我国高等职业教育成本分担的现状是：政府财政拨款比例不断升高，超过普通高等学校教育财政拨款比例，由于高等职业教育的社会收益率大于普通高等教育的社会收益率，故政府财政拨款也相应地要增加；民办学校中举办者投入和社会捐赠比例很低，还有待提高；企业办学中的企业拨款和校办产业和社会服务收入用于教育经费的占比较低；学费所占比例很高，但在逐步下降，由于国家奖学金、国家励志奖学金、国家助学金和国家助学贷款政策的完善，学费给学生家庭带来的压力比以前小；生均教育经费逐年提高，地区差异显著。

(5)通过研究，构建了一种适合我国国情的高等职业教育成本分担模式。探讨了我国各主体大体应该分担高职教育成本的比例、实施这一模式的法律保障及其运作方法。其主要特点就是在目前的基础上提高政府投资比例，减轻学费负担，引入大学毕业生税，将企业引入高等职业教育教学中来，直接分担高等职业教育教学成本。

参考文献

[1] 约翰斯通．高等教育成本分担[M]．纽约：美国大学入学考试委员会，1986.

[2] Johnstone D B. Sharing the Costs of Higher Education：Student Financial Assistance in the United Kingdom，the Federal Republic of Germany，France，Sweden，and the United States [M]. New York：College Entrance Examination Board，1986.

[3] Johnstone D B. The Economics and Politics of Cost Sharing in Higher Education：Comparative Perspectives[J]. Economics of Education Review，2004，23(1)：403-410.

[4] Rodrigues A J，Wandiga S O. Cost Sharing in Public Universities：A Kenyan Case Study[J]. Higher Education Policy，1997，10(1)：55-80.

[5] 蒋鸣和．"九五"期间我国高等教育发展的回顾与展望[J]．教育发展研究，2000(4)：9-12.

[6] 范先佐，周文良．论教育成本的分担与补偿[J]．华中师范大学学报(人文社会科学版)，1998(1)：21-26.

[7] 曾贱吉．论高等教育成本分担与补偿的主体[J]．山东教育学院学报，2001(1)：18-21.

[8] 林荣日．略论研究生教育成本分担的若干问题[J]．教育改革与管理(研究生教育研究)，2004(2)：24-28.

[9] 沈红，徐东华．基于收费政策的中国本科生教育成本初探[J]．教育研究，2002(6)：72.

[10] 陈晓宇，闵维方．我国高等教育个人收益率研究[J]．高等教育研究，1998(6)：33.

[11] 陈鸣，朱自锋，李仲平．中国高等教育成本分担的政策分析[J]．教育财会研究，

2003(3)：30-33.

[12] 陆根书，钟宇平．高等教育成本回收的理论与实证分析[M]．北京：北京师范大学出版社，2002.

[13] 郭海．20世纪90年代中国高等教育经费的来源构成变化[J]．清华大学教育研究，2004，25(5)：46-49.

[14] 徐光寿．新时期高等教育投资体制改革的历史进程与基本经验[J]．教育史研究，2005(1)：61-65.

[15] 刘亚荣．我国普通高等教育投资体制改革过程的动态分析[J]．教育研究，2002(8)：55-57.

[16] 华成刚．1949年以来我国普通高等教育经费投入情况分析[J]．教育发展研究，2003(8)：40-44.

[17] 周会娟，游春常．论我国高等教育财政体制的模式选择[J]．高等教育研究，2003，19(2)：53-55.

[18] 哈巍．谁来为高等教育付费——高等教育成本补偿的国际比较[J]．教育发展研究，2002(3)：70-71.

[19] 李祖超．教育经费筹措方法的比较与借鉴[J]．教育理论与实践，2002(3)：18-22.

[20] 吴少新．论公立高校的资源扩张机制[J]．江汉论坛，2004(1)：49-51.

[21] 潘钧池，江立军，郑建仁．解决我国高等教育经费短缺的根本出路[J]．广播电视大学学报(哲学社会科学版)，2000(4)：99-101.

[22] 杨明．从高校与企业的似与不似看高校组织的性质[J]．浙江大学学报(人文社会科学版)，2002(3)：117-120.

[23] 吴华．中国高等教育规模扩张的观念基础与战略选择[J]．全球教育展望，2002(1)：25-28.

[24] 张阳，雷良海．促进我国高等教育迅速发展的筹融资体制研究[J]．现代教育科学，2003(1)：61-63.

[25] 胡瑞文，陈国良．中国高教筹资多元化：成就、挑战、展望[J]．教育发展研究，2001(7)：5-9.

[26] 陈晓红，何鹏．我国高校能否实行股份制改造？[J]．现代大学教育，2003(1)：28-31.

[27] 易元祥．中国高等职业教育的发展研究[D]．武汉：华中科技大学，2004.

[28] 匡瑛．高等职业教育发展与变革之比较研究[D]．上海：华东师范大学，2005.

[29] 宫宁．基于民生改善的中国高等职业教育发展研究[D]．长春：吉林大学，2016.

[30] 夏晓青．建党百年我国高等职业教育发展历程回顾及展望[J]．教育与职业，2021

(16)：13-19.

[31] 王前新．高等职业技术院校发展战略研究[D]．武汉：华中科技大学，2004.

[32] 杭永宝．职业教育的经济发展贡献和成本收益问题研究[D]．南京：南京农业大学，2006.

[33] 李良斋．高等职业教育多元化投资问题研究[D]．北京：北京交通大学，2008.

[34] 吴严，唐宏，巫冬涛．教育成本影响高职院校规模和专业结构探析[J]．高教论坛，2016(5)：102-105.

[35] 龚冷西．高职教育经费投入改革研究——以西部C省为例[D]．重庆：西南大学，2017.

[36] 顾晶晶．研究生教育成本分担：理论、模式与建议[D]．南京：南京农业大学，2007.

[37] 刘莉．高校教育成本的核算及分担[D]．成都：西南财经大学，2007.

[38] 张民选．理想与抉择——大学生资助政策的国际比较[M]．北京：人民教育出版社，1998.

[39] 约翰斯通．高等教育财政：问题与出路[M]．沈红，李红桃，译．北京：人民教育出版社，2004.

[40] Samuelson P A. The Pure Theory of Public Expenditure[J]. The Review of Economics and Statistics，1954(36)：387-389.

[41] 世界银行《1997年世界发展报告》编写组．1997年世界发展报告：变革世界中的政府[M]．蔡秋生，等译．北京：中国财政经济出版社，1997.

[42] 李从松．大学贫困生贫困的经济分析与对策研究[D]．武汉：华中科技大学，2002.

[43] 阿特巴赫．作为国际商品的知识与教育：公共产品的消解[J]．覃文珍，译．北京大学教育评论，2003(1)：37.

[44] Pigou A C. The Economics of Welfare[M]. London：Macmillan，1920.

[45] 米德．效率、公平与产权[M]．施仁，译．北京：北京经济学院出版社，1992.

[46] 教育大辞典编纂委员会．教育大辞典(第6卷)[M]．上海：上海教育出版社，1992.

[47] 董小翠，杨冠鲁．从人力资本理论的影响看我国高等教育改革[J]．生产力研究，2003(2)：140-141.

[48] 舒尔茨．论人力资本投资[M]．吴珠华，译．北京：北京经济学院出版社，1990.

[49] 杨广锐．教育成本分担机制下助学贷款风险管理研究——以S大学为例[D]．石河子：石河子大学，2020.

[50] 李同明．中国现代高等教育经济学[M]．北京：经济管理出版社，1998.

[51] Psacharopoulos G. Returns to Investment in Education：A Global Update [J]. World Development，1994，22(9)：1328.

[52] 黄文彬．关于高校有偿回收成本的理论研究[D]．武汉：湖北大学，2003.

[53] 刘兰平．民办高等教育成本分担主体的比较研究[J]．高教探索，2005(1)：30-33.

[54] 杨昌锐．教育成本分担模式的理论与实证研究[D]．北京：中国地质大学，2013.

[55] 孙羽迪．我国高等教育成本分担及国际比较[D]．北京：北京工业大学，2008.

[56] 高丽峰．论我国财政收入规模[D]．南宁：广西大学，1999.

[57] 李建军．我国高等教育成本分担分析[EB/OL]．[2006-04-11]．http://www.jjxj.com.cn/news_ detail.jsp? keyno=5301.

[58] 王尧基．关于高等教育成本的分担与中国国情[J]．复旦教育论坛，2004，2(2)：29-30.

[59] 刘兰平．教育捐资集资探析[EB/OL].[2006-04-12].http://www.edu.cn/20011011/3004499.shtml.

[60] 房玥婷，等．合理推进成本分担，拓宽高等教育经费筹措渠道——谈我国高等教育投资筹措体系中的个人成本分担和社会捐赠[J]．连云港职业技术学院学报，2005，18(1)：76.

[61] 张振助，吴晓郁，董业军，等．高等教育大发展的国际经验及启示[J]．外国教育研究，2003，30(4)：35-36.

[62] U.S. Department of Education National Center for EducationStatistics. Digest of Education [EB/OL]. http://www.ed.gov.

[63] 徐梅．谈高等教育经费筹措和投资体制改革[J]．中国地质教育，1996(1)：12.

[64] 美国多元化筹措高等教育经费[EB/OL]．[2006-04-14].http://www.chinasport2008.com/html/content/2005/0721/173503268.shtml.

[65] 宋秋蓉．当今世界高等教育经费来源多元化趋势[J]．教育与经济，2003(3)：47-48.

[66] 刘向东，张伟，陈英霞．欧美高等教育机构经费来源及其启示[J]．高等教育研究，2005，26(5)：98.

[67] 丁小浩．中日高等教育成本补偿相关问题的比较研究[J]．中国高等教育，2002(Z2)：33-35.

[68] 董丽敏．中日私立高等教育比较研究[J]．高教探索，2004(2)：88.

[69] Hayes L D. Higher Education inJapan[J].The Social Science Journal，1997，34(3)：305-306.

[70] 谢晖．高等教育大众化发展历程比较[D]．上海：上海理工大学，2001.

[71] 陆兴发，黄志诚．发展中国家高等教育[M]．长春：东北师范大学出版社，1997.

[72] 伯恩，等．九国高等教育[M]．上海师范大学外国教育研究室，译．上海：上海人民出版社，1973.

[73] 王东，李长友．看印度高等教育的跨越式发展[J]．世界教育信息，2004(12)：15-16.
[74] 吕炜，王伟同，张妍彦．发展中国家高等教育财政的国际比较[J]．财经问题研究，2004(11)：62-64.
[75] 王长纯．印度教育[M]．长春：吉林教育出版社，2000.
[76] 张伟，张兴，宋莉．我国高等教育发展阶段定位问题研究[J]．未来与发展，2000(2)：53-57.
[77] 方惠坚，范德清．中国高等教育的改革与发展[M]．北京：清华大学出版社，2001.
[78] 范莉莉．中国高等教育收费制度改革五十年[J]．当代教育论坛，2005(1)：83-85.
[79] 陈晓宇．中国高等教育成本分担：现状与趋势[J]．教育与经济，1998(4)：30-37.
[80] 熊劲峰，张玉柯．21世纪高等教育的改革与发展[M]．保定：河北大学出版社，2000.
[81] 魏德样．论我国高等教育收费制度改革对公平的影响[D]．北京：北京科技大学，2005.
[82] 刘尧．国际高等教育评估比较研究[J]．高等建筑教育，2000(3)：66-68.
[83] 唐凯林．上大学要交多少钱——关注高校收费改革[N]．中华读书报，2001-09-26(6).
[84] 庄华洁．浙江省高等教育成本分担制度及其独特性的实证研究[D]．杭州：浙江大学，2005.
[85] 中国大学收费是世界最高的3倍[EB/OL]．[2006-04-14]．http：//news3. xinhuanet. com/newscenter/2005-07/17/content_ 3231003. htm.
[86] 宫宁．基于民生改善的中国高等职业教育发展研究[D]．长春：吉林大学，2016.
[87] 锻造大国工匠 奠基中国制造——新中国70年职业教育改革发展历程[EB/OL]．[2022-01-25]．http：//www. moe. gov. cn/jyb_xwfb/s5147/201909/t20190927_401296. html.
[88] 蒋春洋．制度分析视角下我国高等职业教育发展研究[D]．长春：东北师范大学，2013.
[89] 徐挺．我国高职高专教育二十年发展阶段初探[J]．宁波高等专科学校学报，2000，12(3)：90-93.
[90] 邱同保．从高职教育文本政策的解析看高职教育的发展轨迹[J]．教育与职业，2008(17)：5-8.
[91] 李盖虎，阳桂兰．改革开放三十年来我国高等职业教育政策的历史进程分析[J]．湖南工业职业技术学院学报，2010，10(2)：99.
[92] 改革开放40年：40年来我国高等职业教育发展回顾与展望[EB/OL]．[2022-01-25]．https：//www. sohu. com/a/270207964_ 164989.

[93] 孟冬军，陈礼珍，张美凤．中美大学教育捐赠管理比较研究[J]．中国高教研究，2005(7)：36.

[94] 慈善捐赠税收优惠政策[EB/OL].[2006-04-14].http：//www.sd.gov.cn/art/2005/11/21/art_ 8825_ 6.html.

[95] 弗里德曼．弗里德曼文萃[M]．高榕，等译．北京：北京经济学院出版社，1991.

[96] Colclough C. Raising Additional Resources for Education in Developing Countries：Are Graduate Payroll Taxes Superior to Student Loans？[J].International Journal of Educational Development，1990，10(2-3).

[97] 中国网民逼近 10 亿，意味着啥？[EB/OL].[2022 - 01 - 14].https：//www.toutiao.com/a6930387321321849352/？ wid=1644217002748.

[98] 我国推进数字电视产业，2015 年停播模拟电视[EB/OL].[2006-04-14].http：//tech.sina.com.cn/it/2003-11-24/0753259431.shtml.

[99] 张继蓉，陈娟．美国高校募款机制及对我国高校筹资的启示[J]．社会科学论坛，2006，2(下)：112.

图书在版编目(CIP)数据

高等教育成本分担理论与成本分担模式研究／阳桂兰著. —长沙：中南大学出版社，2022. 8

ISBN 978-7-5487-4994-3

Ⅰ. ①高… Ⅱ. ①阳… Ⅲ. ①高等教育—教育成本—研究 Ⅳ. ①G647.5

中国版本图书馆 CIP 数据核字(2022)第 125533 号

高等教育成本分担理论与成本分担模式研究

GAODENG JIAOYU CHENGBEN FENDAN LILUN YU CHENGBEN FENDAN MOSHI YANJIU

阳桂兰　著

□出 版 人　吴湘华
□责任编辑　胡　炜
□责任印制　李月腾
□出版发行　中南大学出版社
　　　　　　社址：长沙市麓山南路　　　　邮编：410083
　　　　　　发行科电话：0731-88876770　　传真：0731-88710482
□印　　装　长沙印通印刷有限公司

□开　　本　710 mm×1000 mm 1/16　□印张 10　□字数 172 千字
□版　　次　2022 年 8 月第 1 版　□印次 2022 年 8 月第 1 次印刷
□书　　号　ISBN 978-7-5487-4994-3
□定　　价　68.00 元